企→业→日→常→管↓理←系←列←丛←书

仓储管理

常见问题清单

郭汉尧
编著

地震出版社
Seismological Press

图书在版编目（CIP）数据

仓储管理常见问题清单 / 郭汉尧编著 . -- 北京 : 地震出版社 , 2021.8
（企业日常管理系列丛书 / 陈明星主编）
ISBN 978-7-5028-5226-9

Ⅰ . ①仓… Ⅱ . ①郭… Ⅲ . ①仓库管理 Ⅳ . ① F253

中国版本图书馆 CIP 数据核字 (2021) 第 090231 号

地震版　XM4548/F（6080）

仓储管理常见问题清单

郭汉尧　编著
特约编辑：段会敏　芮秋月
责任编辑：李肖寅
责任校对：凌　樱

出版发行：地 震 出 版 社
北京市海淀区民族大学南路 9 号　　邮编：100081
发行部：68423031　68467991　　传真：88421706
总编室：68462709　68423029
证券图书事业部：68426052
http：//seismologicalpress. com
E-mail：zqbj68426052@ 163. com
经销：全国各地新华书店
印刷：北京柯蓝博泰印务有限公司

版（印）次：2021 年 8 月第 1 版　2021 年 8 月第 1 次印刷
开本：710 × 960　1/16
字数：193 千字
印张：11.25
书号：ISBN 978-7-5028-5226-9
定价：39.80 元

编辑委员会

前　言

PREFACE

常言道："不想当将军的士兵不是好士兵！"每个人都应该有自己的职业追求，将自己锻炼成为一名出色的职场精英。有了目标，工作起来才有劲头，才会让自己获得长足的发展。

工作就是在解决问题，解决问题的水平体现了一个人工作能力的高与低。如何在日常工作中，通过解决每个实际问题而不断提升自己的工作能力，是每个人晋升和自身发展亟待解决的问题！为此，我们特别编写了"企业日常管理系列丛书"。

该丛书包括：《财务工作常见问题清单》《采购管理常见问题清单》《仓储管理常见问题清单》《新产品运营管理常见问题清单》《供应链管理常见问题清单》《行政工作常见问题清单》《绩效管理常见问题清单》《客户服务常见问题清单》《企业资本运营常见问题清单》《人力资源工作常见问题清单》《商品配送管理常见问题清单》《生产管理常见问题清单》《物流服务常见问题清单》《销售团队管理常见问题清单》《促销管理常见问题清单》《项目运营常见问题清单》《国际贸易管理常见问题清单》《大客户销售常见问题清单》，共18本，对日常工作常见问题和容易忽略的细节问题进行了梳理，并在整体上架构了不同职位人士的日常工作模型，让每一项工作一目了然，细节无遗漏，工作不失误。读者可以根据自己所需即查即用，工作问题轻松解决。

本丛书有如下特点。

第一，能帮助读者重新梳理自己的工作问题，让工作脉络更加清晰。

第二，能帮助读者加深对每项工作的理解，书中既有针对工作问题的规范性操作，也有经验性的总结，两者的完美结合会对工作问题的解决起到了事半功倍的作用。

第三，每项工作都设有工作场景描述，读者可以根据工作需要，即查即用，不致在漫天的文字中间寻找答案，非常实用、方便。

第四，能帮助读者养成总结工作经验的习惯。

第五，引导读者形成“问题导向”的工作意识，从此进入自我提升的快车道。

本丛书认真选取了当下企业中的热点职位及重点部门，从日常工作的实际问题出发，针对每个工作问题进行了思路拓展性解读与分析，给出了经验性的总结阐述，可改善从业者的当前工作局面，为从业者搭建起提升工作能力的可靠阶梯，也为相关专业工作人员全面提升业务水平提供了可借鉴的方法。

仓储管理是现代供应链系统管理中的重要一环，尤其当下不断涌现的新兴市场业态和人们快节奏的生活状态，不断推高人们对仓储管理服务水平的市场需求。如何提升仓储管理水平呢？主要从两个方面入手：第一，减少日常工作失误给客户带来的不良影响；第二，关注每个工作细节问题的解决能力，建立健全仓储管理工作水平提升的通道。

本书倡导“仓储工作清单式管理”，以“仓储管理工作常见问题”为主题展开，全方面梳理仓储工作常见问题，嵌入“问题导向”的思维意识，重新定义每一项仓储工作，并进行操作规范指导与工作经验提示相结合的阐述方式，悉数仓储工作的每项关键点。这必将有效改善我们的工作质量，减少工作失误。

这是一本揭开仓储管理工作“问题导向”的思维方法书。读者朋友可以对照仓储管理工作常见问题，即查即用。

本丛书在编写过程中，得到了相关从业者及工作伙伴的大力支持和配合，在此一并表示感谢！

目 录

CONTENTS

第1章 仓库设计与规划常见问题

第 2 章　仓储物料管理常见问题

第 3 章　出入库业务常见问题

第1章

仓库设计与规划常见问题

仓储活动是联系生产与消费的必不可少的环节，在生产与流通中发挥着重要的作用。因此，加强仓储管理，提高仓储管理水平，具有重要的意义。加强仓储管理要从基础做起，建立和完善仓储管理指标体系，做好仓容定额的测定以及所保管货物的定期检查等基础性工作。

1.1　如何建立仓储管理指标体系

工作场景描述

当需要建立完善的仓储管理指标体系时，可查看。

解读与分析

仓储活动担负着多种物资的收发、储存、保管、保养、控制、监督等职能，对企业的正常生产运行起着重要作用。仓储活动的各项考核指标，是衡量仓储管理水平高低的标准，因此，企业建立完善的指标体系，提高仓储管理水平十分重要。仓储管理指标主要分为储存数量指标、储存质量指标、储存效率指标和储存经济性指标四大类。

1.货物储存数量指标

企业核算这一类指标的作用在于从总量上掌握经济成果，衡量仓容能力，促进保管人员发挥潜力，采用先进的机器和技术，提高仓容使用效能。它包括的具体指标及公式如下。

（1）计划期货物吞吐量。计算公式如下：

计划期货物吞吐量=计划期货物总进库量+计划期货物总出库量+计划期货物直拨量

（2）职工人数。计算公式如下：

$$月平均人数=\frac{月内每日实际人数之和}{该月天数}$$

或

$$月平均人数=\frac{月初人数+月末人数}{2}$$

$$月平均人数=\frac{年内各月平均人数之和}{12}$$

（3）设备数量指标。通常以统计在册的设备台数或处于良好状态的设备台数表示。

2.货物储存质量指标

货物储存质量指标反映了货物储存工作质量。通过这类指标的核算，可以全面反映储存工作质量，体现对储存工作“多快好省”的要求，从而减少损耗，提高经济效益。

（1）账货相符率。计算公式如下：

$$账货相符率=\frac{账货相符笔数}{储存货物总件数}\times 100\%$$

或

$$账货相符率=\frac{账货相符笔数（重量）}{期内储存总件数（重量）}\times 100\%$$

（2）收发货差错率。计算公式如下：

$$收发货差错率=\frac{收发货差错累计笔数}{收发货累计总笔数}\times 100\%$$

或

$$收发货差错率=\frac{账货不符件数（重量）}{期内储存总件数（重量）}\times 100\%$$

（3）货物的损耗率。计算公式如下：

$$货物的损耗率=\frac{货物损耗累计金额（元）}{货物保管总额（元）}\times 100\%$$

或

$$货物的损耗率=\frac{货物损耗重量（吨或千克）}{期内货物库存总量（吨或千克）}\times 100\%$$

（4）货物及时验收率。计算公式如下：

$$货物及时验收率=\frac{期内及时验收笔数}{期内收货总笔数}\times 100\%$$

（5）设备完好率。计算公式如下：

$$设备完好率=\frac{完好设备台日数}{设备总台日数}\times 100\%$$

3.货物储存效率指标

（1）仓库利用率。计算公式如下：

$$仓库面积利用率=\frac{仓库的有效堆放面积}{仓库总面积}\times100\%$$

$$仓库容积利用率=\frac{报告期平均库存量}{库房的总容量}\times100\%$$

（2）设备利用率。计算公式如下：

$$设备能力利用率=\frac{报告期设备实际载荷量}{报告期设备额定载荷量}\times100\%$$

$$设备时间利用率=\frac{报告期设备实际作业工时数}{报告期设备额定作业工时数}\times100\%$$

（3）劳动生产率。计算公式如下：

$$全员劳动生产率（吨/工时）=\frac{全年货物出入库总量（吨）}{仓库全员年工时总数}\times100\%$$

4.货物储存经济性指标

（1）平均储存费用。计算公式如下：

$$平均储存费用（元/吨）=\frac{每月储存费用总额（元）}{月平均储存量（吨）}$$

（2）利润总额。计算公式如下：

利润总额=报告期仓库总收入−同期仓库总支出

或

利润总额=仓库营业收入−储存成本和费用−税金+其他业务利润±营业外收支净额

（3）资金利润率。计算公式如下：

$$资金利用率=\frac{利润总额（元）}{固定资产平均占用（元）+流动资金平均占用（元）}\times100\%$$

关键点提示

仓储管理指标体系包括：

1.货物储存数量指标；2.货物储存质量指标；3.货物储存效率指标；4.货物储存经济性指标。

1.2 如何分析仓储管理指标

工作场景描述

当想要对仓储管理指标进行合理分析时，可查看。

解读与分析

仓储管理指标分别从不同角度反映一项指标某一方面的情况，但是仅凭一项指标很难反映仓储工作的总体情况，也不容易发现问题，因此必须对各个指标进行系统而周密的分析，以便发现问题，并采取相应的措施，以提高仓库工作水平。具体分析方法如下。

1.价值分析法

运用价值分析法时，应当对以下5个问题进行分析。

（1）目前使用的方法是什么？

（2）作用（或功能）是什么？

（3）这种方法的成本是多少？

（4）其他可以满足同样功能的方法是什么？

（5）成本是多少？

2.对比分析法

企业运用对比分析法对指标进行对比分析时，一般要先选定对比指标。根据分析问题的需要，主要有以下三种对比方法。

（1）计划完成情况的对比分析：将实际完成情况与计划指标相比较。

（2）纵向动态对比分析：将仓储指标在不同时间上进行比较。

（3）横向对比分析：将仓储指标在同一时期的不同空间条件下进行对比分析。

企业应用对比分析法进行对比分析时，首先要注意所对比的指标或现象之间的可比性。因对比分析是对两个或两个以上有联系的指标或现象间的比较，这就要求根据现象的性质并结合分析研究的目的来考虑。

企业进行纵向动态对比时，主要考虑指标所包括的范围、内容、计算方法、计量单位及所属时间等是否相互适应，彼此协调；进行横向对比时，考虑对比的单位之间必须是经济职能或经济活动性质、经营规模基本相同，否则就缺乏可比性。

3.结构分析法

一个管理系统往往是由若干项目组成的，每个项目在总体指标中所占的比重不同，所起的作用和影响也不同。利用结构分析法，可以分清主次，找出关键因素。其计算公式为：

$$\text{结构百分比}=\frac{\text{总体中某一部分的数值}}{\text{总体数值}}\times 100\%$$

4.因素分析法

因素分析法的基本做法是，假定影响指标变化的诸因素之中，某一项因素单独变化而其他因素不变，进而分析每项因素对指标的影响程度。

例如，K指标的计算公式为：$K=A\times B$。

从公式中可看出K指标的变化受A、B两因素的影响。现在用单因素变化分析法来分析两因素对指标的影响程度。

假定A因素变化，B因素不变，对K_A的影响值为：

$$K_A=(A_{\text{实际}}-A_{\text{计划}})\times B$$

再假定B因素变化，A因素不变，对K_B的影响值为：

$$K_B=(B_{\text{实际}}-B_{\text{计划}})\times A$$

两因素分别变化，综合影响的结果为：

$$K=K_A+K_B$$

关键点提示

仓储管理指标分析方法包括：

1.价值分析法；2.对比分析法；3.结构分析法；4.因素分析法。

1.3 如何制订仓容定额

工作场景描述

当想要科学制订仓容定额时，可查看。

解读与分析

仓库容量由库房大小以及所保管货物的大小所决定。企业正确制订仓容定额，有助于提高仓库利用率，增加收益。制订仓容定额的步骤和方法如下。

1.确定储存货物的计量单位

储存货物以吨为计量单位，包括重量吨和体积吨两种。

2.划分仓库各种面积

库房面积是指整个仓库范围内的全部面积，即包括库房、货棚、货场、附属建筑物和空地所占面积的总和。其中，建筑面积是从库房外面墙根量起的全部面积，有原始建筑图纸的应以原始资料为准。库内面积是从库房里面墙根量起的面积，即从建筑面积中减去墙基的面积。实际面积是从库内面积中减去障碍物面积（包括柱、楼梯和固定设备等）而余下的面积。可堆货面积是从实际面积中减去库房主道、支道和障碍物与货垛之间的必要距离（如垛距、柱距、墙距等）而余下的面积。面积利用率是指可堆货面积占实际面积的比值。它反映了库房面积的实际利用率，是考核可堆货面积测定是否合理的依据。

3.合理计算仓库面积

（1）长方形面积=长×宽。

（2）正方形面积=边长×边长。

（3）梯形面积=（上底+下底）×高×$\frac{1}{2}$。

（4）三角形面积=（底×高）/2。

4.正确制订储存定额

（1）高度利用率。计算公式为：

高度利用率=货垛平均高度/库房可用高度×100%

货垛平均高度（m）=2×储存商品总体积吨数/实际使用面积

（2）载重量利用率。计算公式为：

载重量利用率=（货垛实际占用面积每平方米平均实载重量/库房承载重量）×100%

货垛实际占用面积每平方米平均实载重量=储存货物重量吨数/（可堆货面积−空仓面积）

（3）仓容定额。计算公式为：

①按体积吨计算：

$$测定定额（t）=实际面积（m^2）×面积使用率×库房可堆货高度（m）×高度利用率×\frac{1}{2}$$

②按重量吨计算：

$$测定定额（t）=\frac{实际面积（m^2）×面积使用率×载重量（kg）×载重量使用率}{1000\ kg}$$

关键点提示

制订仓容定额的步骤包括：

1.确定储存商品的计量单位；2.划分仓库各种面积；3.合理计算仓库面积；4.正确制订储存定额。

1.4 如何处理折算商品储存吨数问题

工作场景描述

当在折算商品储存吨数遇到问题时，可查看。

解读与分析

仓储管理工作中，一个经常出现的问题就是折算商品储存吨数，这是仓储管理活动的基础性工作。折算商品储存吨数时，会出现一些问题，以下介绍合理折算商品储存吨数的具体方法。

1.合理选择测量对象

测量工具主要有夹尺、直尺和卷尺。一批商品中，大多数商品的体积比较均匀，应选择一般的商品进行测量；对于会变形的软性包装商品，应选择包装完整、形态规则及未经重压变形的商品进行测量。

2.按规定的部位进行测量

应测出商品包装有凸出的部位；畸形的包装应测量其变形最大的部位；圆柱体包装应测量其直径，并以直径为边长按长方体计算。

3.按商品实际占用面积折吨

有时由于客观原因，有些商品不能堆垛。例如：有些商品因性能限制，只能平摊不能堆垛；有些商品因养护需要摊晾，或者由于货主单位需要在库房或货场内对其整理，暂时不能堆垛等情况。这些情况占用仓库面积有时要比正常情况多，为了合理收货，相关人员在考核仓容利用程度时，应尽量消除由于客观原因影响仓容利用的因素。对这些存在特殊情况的商品，可不按其体积或毛重折吨，要另行规定每立方米的折吨标准，或按其实际占用面积折算。

4.零星商品的折吨

对于一批商品而言，很难确定零星商品和整批商品的数量界限。商品批量的大小与仓容利用程度的高低密切相关。一般情况下，储存批量小的商品，仓容利用程度较低，占用仓容较多。为了合理补偿这种较多的耗费和方便计算，可规定一个折吨起点，每批商品的吨数应不低于规定的折吨起点。如以0.3t为折吨起点，当每批商品结存量不足0.3t时，一律按0.3t计算；超过0.3t，按实际吨数计算。也可在0.3t以上再加上一档0.5t，结存量超过0.3t、不足0.5t，按0.5t计算；超过0.5t，按实际吨数计算。

关键点提示

折算商品储存吨数的具体方法有：

1.合理选择测量对象；2.按规定的部位进行测量；3.按商品实际占用面积折吨；4.零星商品的折吨。

1.5 如何进行储存货物的定期检查

工作场景描述

当需要制订详细的储存货物定期检查制度时，可查看。

解读与分析

为了保证储存货物的质量和数量安全，企业必须制订严格的储存货物的定期检查制度。定期检查的范围主要有空间与场所、仓储设备、作业内容与特性、人员素质和安全等，详细检查内容如下。

1.空间与场所

（1）储运作业是否顺利？

（2）空间利用是否恰当？

（3）货物传递距离是否太长？

（4）工作联系是否便利？

（5）储区或储架布置是否合理？死角是否太多？

（6）通道是否宽敞？有无堆积物？

（7）温度与湿度是否控制良好？

（8）仓库设计是否合理？

（9）储区标示是否清楚、正确？

（10）储区标示是否有脱落或不明显？

（11）线路指示是否明确？

（12）风扇、灭火器位置是否恰当？

（13）有无废弃物堆置区？

2.仓储设备

（1）货物进出是否方便、简单、快速、准确？

（2）是否有足够的空间放置各种储存的设备？

（3）储存设备是否损坏货物？

（4）存货储位及内容是否易于识别？

（5）是否符合先进先出原则？

（6）储区或储架是否充分利用？

（7）储位是否容易调整？

（8）是否具备温度和湿度调整、消防及防虫、防鼠的设备？

（9）是否具有防爆、防风、防雨、防盗的设备？

（10）对各项设备是否定期保养？

（11）货架、储位编号是否明确？有无混乱？

（12）货架、储位标示是否清楚、明确？有无脱落？

（13）储位与货物项是否按时整理和适当调整？

3.作业内容与特性

（1）储位区域划分是否明确？是否符合货物项数、数量及作业情况？

（2）储位标示是否明确，方便拣取？

（3）搬运是否方便？

（4）收发货是否迅速？

（5）货物是否分类储存？

（6）产品储存期限是否明确？

（7）各项作业交接是否落实？

（8）作业异常有无记录？主管是否签字？

（9）储位与货物的分类、分区是否恰当？作业是否依照分类、分区原则进行？

4.人员素质

（1）作业人员是否熟悉作业方法？

（2）作业人员能否克服作业困难？

（3）作业人员是否遵守安全、卫生规则？

（4）作业发生问题时，作业人员是否及时汇报与记录？

（5）作业人员是否依据指导要领及作业指示进行作业？

（6）作业人员是否按安全标准书训练？

5.安全

（1）使用的工具是否安全？

（2）货物陈列是否安全？排列方式及顺序是否符合标准？

（3）动力车辆是否按期保养？是否安全？充电器是否定时检查？

（4）货物搬运是否安全？

（5）工作进行中，是否有安全防护设备？货架头尾防撞杆有无损坏变形？

（6）地板是否平整，有无坑洞，以免造成危险？

（7）照明是否充分，操作员的视力是否合格？

（8）产品堆积是否太高，容易倾倒？

（9）现场是否有凸出的钉子等尖状物？

（10）是否有危险物渗透？

（11）通风换气及温度、湿度是否合适？

（12）工具有无固定存放位置？是否随意堆放？

（13）工厂门户管制及仓库人员进出管制是否落实？

储存货物的检查分为定期检查与不定期检查。定期检查时，必须确定检查的内容、范围和时间。定期检查既可以起到监督作用，还可以帮助提前发现问题，清除隐患。

关键点提示

储存货物定期检查的内容有：

1.空间与场所；2.仓储设备；3.作业内容与特性；4.人员素质；5.安全。

1.6 如何进行仓库平面布置

工作场景描述

当想要科学地对仓库进行平面布局规划时，可查看。

解读与分析

仓库总平面布置是根据仓库场地条件、仓库业务性质和规模、物资储存要求以及技术设备的性能和使用特点等因素，对仓库各组成部分，如库房、货场、辅助建筑物、库内道路以及附属固定设备等，在规定的范围内进行平面的合理安排和布置。仓库总平面布置程序如下。

1.仓库总平面布置的准备工作

仓库总平面布置的合理与否，很大程度上取决于相关资料是否齐备、准确及可靠。确定总平面布置是一个反复试验的过程，即布置、修改、再布置、再修改，反复多次，直到求得最满意的布置方案。布置时，一般会借助一些辅助工具，如作业流程图、仓库平面图和样板图等，然后在纸面上加以设计。所以，在总平面布置前，还需要准备好必要的辅助工具。

2.找出和布置关键性作业位置

在仓库总平面布置中，铁路专用线的位置往往受到外部条件的限制，而且在很大程度上决定仓库总平面布置的走向，所以应首先确定铁路专用线的位置。库房、货场的位置，可根据上述要求依次确定。

总平面布置所依据的主要资料有：储存物的品种、规格、数量，建设地区的铁路和公路分布情况，地形条件，水、电供应条件，当地气象资料，采取的装卸搬运方式，消防及安全要求协作条件等。

3.对工作面积进行大致的设计

根据建设地点的现有地形，相关人员需要对库房、货场、主要通道、装卸场地以及辅助车间、办公室、生活福利设施的相应位置及占用面积进行大致的初步设计。

4.设计次要通道

次要通道与主要通道相交并形成一个完整的运输网。通道的设置与宽度应视物资运输的需要和安全要求而定。

5.单体设计

根据储存物资的保管要求、仓库业务、作业流程和仓库性质，并结合当地气象及环境条件等因素，确定库房的建筑类型和具体方位，以及库房内设备的类型和位置。

6.辅助面积和辅助装置的设计

包括对排水系统、消防系统、水和电供应线路及辅助设施等进行设计。

至此，仓库总平面布置工作初步完成。最后，相关人员还应对照总平面布置要求进行检查，并到建设现场核实布置情况。

关键点提示

仓库总平面布置的程序如下：

1.仓库总平面布置的准备工作；2.找出和布置关键性作业位置；3.对工作面积进行大致的设计；4.设计次要通道；5.单体设计；6.辅助面积和辅助装置的设计。

1.7 如何计算仓库面积

工作场景描述

当想要准确划分与计算仓库面积时，可查看。

解读与分析

计算仓库面积时常用以下三种方法。

1.比较类推法

比较类推法是以现已建成的同级、同类、同种物资仓库面积为基础，根据储备量增减的比例关系，加以适当的调整，最后推算出所求的仓库面积。

计算公式如下：

$$S = S_1 \times \frac{Q}{Q_1} \times K$$

式中，S为所求新建仓库面积；S_1为已建成的同类仓库面积；Q为拟新建仓库的最高库存量；Q_1为已建成的同类仓库的最高库存量；K为调整系数，如果建成的仓库还有潜力，则K小于1，否则K大于1。

2.定额计算法

定额计算法是利用仓库单位面积储存定额，计算仓库面积的方法。

σ为实用面积与有效面积的比值，一般为0.4～0.6。

计算公式如下：

$$S = \frac{Q}{N} \times \frac{1}{\sigma} = \frac{Q}{N \times \sigma}$$

式中，N为仓库单位面积储存定额（t/㎡）；σ为仓库有效面积利用系数。

3.直接计算法

直接计算出料垛和料架占用的面积、通道占用的面积、收发料区的面积等，最后相加求出总和，即$S=S_1+S_2+\cdots+S_n$。

计算公式如下：

$$S_{垛架}=\frac{Q}{(l\times b\times h)\ k\times\gamma}\times(l\times b)=\frac{Q}{h\times k\times\gamma}$$

式中，$S_{垛架}$为料垛所占的面积；Q为物资最高储备量；l、b、h为料垛的长、宽、高；k为料垛的容积充满系数；γ为进行码垛物资的视相对密度。

影响仓库面积的因素如下。

（1）物资储备量。它是指仓库根据需要量核定的物资经常储备量、保险储备量和季节性储备量等。

（2）平均库存量。它是指在一定时期内平均在库实际储存的数量。平均库存量的多少，决定需要储存面积的大小。

（3）物资年供应量。

（4）物资品种数。

（5）平均在库时间。

（6）仓库作业方式。

（7）仓库设备。

关键点提示

仓库面积的计算方法有：

1.比较类推法；2.定额计算法；3.直接计算法。

1.8 如何确定仓库参数

工作场景描述

当需要对仓库参数进行合理确定时，可查看。

解读与分析

仓库参数主要包括仓库的长、宽、高，行车道与通道的宽度，装卸台尺寸以及验收场地面积等，确定方法如下。

1.仓库长、宽、高的确定

通常仓库长度和宽度的比例可参考下表：

仓库总面积 / ㎡	宽/长
≤500	1/3 ~ 1/2
500 ~ 1000	1/5 ~ 1/3
1000 ~ 2000	1/6 ~ 1/5

在仓库面积一定的情况下，通常先确定宽度，然后用宽度去除面积，求出长度。但这样计算出来的结果往往是不标准的，还应按照《建筑统一模数制》的要求调整，以它作为统一协调各种建筑尺寸的基本标准。我国采用的基本模数规定为100mm，以*M*表示。按照《建筑统一模数制》的要求，如果计算的库房宽度为14m，长度为56m，应加以调整，一般是向上调至符合模数规定的尺寸，所以库房的宽度可调为15m，长度可调为60m。这时库房的面积为900m^2。这900m^2不是库房的建筑面积，宽度和长度均要计入墙的厚度，其乘积才是建筑面积。

库房的高度是自地面至柱顶的高度，应为300mm（3*M*）的倍数。当库内安装桥式起重机时，其地面至轨顶面的高度应为600mm（6*M*）的倍数，具体确定库房的高度时应满足机械化作业的要求。

2.行车道与通道宽度的确定

仓库中行车道、通道宽度的确定，要以搬运装卸机械能自由通过为原则。一般露天场地主要通道宽度要求为单行道≥4m，双行道≥7m。库房内主要通道宽度要求为纵向车道2.5～3m，横向车道与门的宽度相同，人行通道一般为0.9～1.0m。

3.装卸台尺寸的确定

装卸台的高度要视所用的运输工具及装卸机械、方式方法而定。在铁路专用线一侧装卸台的高度应高出铁路轨面约1.1m；在公路旁供汽车、叉车等装卸物资用的装卸台，则应高出地面1.0m。装卸台的长度视运输工具的种类，同时视参与装卸的车辆数及车辆间的距离而定。一般火车车厢之间的距离取1.5～2.0m，汽车之间的距离取1.5m。装卸台长度的计算公式如下：

$$L=n\cdot l+l_{\mathrm{t}}(n-1)$$

式中，L为装卸台长度；n为同时参与装卸的车辆数；l为车辆的长度；l_{t}为车辆间的距离。

4.验收场地面积的确定

可以用临时保管场地的面积计算验收场地面积，计算公式如下：

$$S_{验}=\frac{Q_{进}K}{360q}$$

式中，$S_{验}$为临时保管场地的占地面积；$Q_{进}$为通过验收场地的年进货量；q为每平方米存放的数量，即物资存放定额；K为进货不均衡系数。

进货不均衡系数是指在一定时间内（通常以年或季计算）最大进货量与同期平均进货量之比，一般应大于1。

关键点提示

确定仓库参数的方法有：

1.仓库长、宽、高的确定；2.行车道与通道宽度的确定；3.装卸台尺寸的确定；4.验收场地面积的确定。

1.9 如何确定库存数量

工作场景描述

当需要确定适当的库存数量时，可查看。

解读与分析

库存过多，会增加库存成本；库存过少，又会影响生产。通过如下方法，可以确定适当的库存数量。

1.统计方法

根据过去的统计数据确定应持有的库存数量，分为三种情况。

（1）依据销售量或使用量。直接以使用量为对象做统计依据，从而算出库存数量。

（2）依据出库量。采用公式来准备库存。

出库量=使用量+预备量

（3）依据库存数量。以过去库存数量为依据，适当考虑未来各种因素的影响来决定库存数量。根据不同的波动情况，分别采用如下方法。

①过去实际库存几乎没什么波动时，取其算术平均值。

②过去实际库存略有波动时，取其加权平均值。

③过去实际库存有相当大波动时，取其几何平均值。

④过去实际库存波动剧烈时，取其最小二乘法（最小平方法）值。

⑤过去实际库存的变动次数是正态分布时，取其标准偏差的计算式。

2.概估方法

先算出过去几年的采购数量，再用最小二乘法，算出销售实绩，画出销售实绩曲线。然后，根据销售实绩曲线概估其趋向，绘出一条趋势线。据此可预测出一年的库存数量，但这并非精确的数字。

3.单纯平均法（算术平均法）

如果以月为单位计算，就是用周期中所取的月份数去除各月库存实际数字之和，而求出平均值，再根据近期库存量趋势确定合适的库存数量。

$$C_y = \frac{\sum_{i=1}^{n} C_i}{n}$$

式中，C_y为预测库存量；C_i为各月实际库存量；n为所取月份数。

4.指数平均法

利用预测月份往前推若干个月的平均值作为预测值，再根据各个月份对预测值的影响程度，分别给每个月的实际库存量加权得出一个指数，再用指数之和去除各月的库存量，乘以相应的指数后求得的值，最后根据近期库存量趋势确定合适的库存数量。

$$C_y = \frac{\sum_{i=1}^{n} C_i a_i}{\sum_{i=1}^{n} a_i}$$

式中，C_y为预测库存量；C_i为各月实际库存量；a_i为指数。

5.加权平均法

当库存有若干波动时，采用此方法计算。首先列出所取期间内相同库存量出现的次数构成的次数分布表，然后由下列公式计算预测库存量，即为预测库存数量的依据。

$$C_y = \frac{\sum_{i=1}^{N} f_i C_i}{N}$$

式中，C_y为预测库存量；C_i为某一实际库存数量值；N为同一库存量出现的总次数；f_i为次数。

6.几何平均法

当过去的实际库存量波动较大时，一般采用此方法计算：先统计相同库存量出现的次数，列出次数分布表，然后利用下列公式计算几何平均值，即为预测库存数量的依据。

$$g = \sqrt[n]{X_1^{f_1} X_2^{f_2} X_3^{f_3} \cdots X_n^{f_n}}$$

式中，g为几何平均数；n为总次数；f_n为最后一个相同的次数；X_n为最后一个实际库存量。

以上介绍的方法中，指数平均法、加权平均法、几何平均法这几种方法比其他方法更接近实际。

关键点提示

确定库存数量的方法有：

1.统计方法；2.概估方法；3.单纯平均法（算术平均法）；4.指数平均法；5.加权平均法；6.几何平均法。

1.10 如何计算安全库存量

工作场景描述

当需要计算安全库存量时，可查看。

解读与分析

企业在生产过程中，因外界各种波动，经常会面临预备库存量难以满足需求的情况，这将会影响企业的生产和销售。因此，企业在预备库存时要保有一定的安全库存量，可以通过以下公式确定安全库存量。

$$\text{安全库存量}=K\sqrt{\text{最大订货提前期}}\times\text{需求变动值}$$

式中，K为对缺货而设的安全系数，可根据缺货概率查对安全系数表得出；最大订货提前期是指超出正常订货的提前时间；需求变动值可用下列两种方法计算。

安全系数K值

缺货概率（%）	30.6	27.4	24.2	21.2	18.4	15.9	13.6
安全系数值	0.5	0.6	0.7	0.8	0.9	1.0	1.1
缺货概率（%）	11.5	9.7	8.1	6.7	5.5	5.0	4.5
安全系数值	1.2	1.3	1.4	1.5	1.6	1.65	1.7

续表

缺货概率（%）	3.6	2.9	2.3	1.8	1.4	0.8	
安全系数值	1.8	1.9	2.0	2.1	2.2	2.3	

（1）统计资料期数较少时，计算公式如下：

$$需求变动值=\sqrt{\frac{\sum(y_i-\overline{y})^2}{n}}$$

式中，y_i 为各期需求量实际值；$\overline{y}$ 为各期需求量实际平均值。

（2）统计资料期数较多时，采用如下公式计算：

$$需求变动值=\frac{R}{d_2}$$

式中，R为全距，即资料中最大需求量与最小需求量的差；d_2为随统计资料期数多少（样本多少）而变动的常数。

d_2值

n	2	3	4	5	6	7	8
d_2	1.128	1.693	2.059	2.326	2.534	2.704	2.847
$1/d_2$	0.8865	0.5907	0.4857	0.4299	0.3946	0.3098	0.3512
n	9	10	11	12	13	14	15
d_2	2.970	3.078	3.173	3.258	3.336	3.407	3.472
$1/d_2$	0.3367	0.3149	0.3152	0.3069	0.2998	0.2935	0.2880
n	16	17	18	19	20	21	
d_2	3.532	3.588	3.640	3.689	3.735	3.778	
$1/d_2$	0.2831	0.2787	0.2787	0.2747	0.2711	0.2647	

关键点提示

确定安全库存量公式：

安全库存量=$K\sqrt{最大订货提前期}$×需求变动值

1.11 如何确定经济订货批量

工作场景描述

当想要确定经济订货批量时，可查看。

解读与分析

企业每次的订货数量直接关系到库存水平和库存总成本。因此，企业希望找到一个合适的订货数量，使它的库存总成本最小。企业通过使用经济订货批量模型可以实现这一点，具体内容如下。

1.基本的经济订货批量模型

当只涉及一种产品且年需求量已知，需求比例是常数，生产提前期不变，各批量单独运送和接收，且没有数量折扣及不考虑缺货时的经济批量模型，为基本的经济订货批量模型。具体计算公式如下：

$$\mathrm{EOQ}=\sqrt{\frac{2CD}{K}}=\sqrt{\frac{2CD}{PF}}$$

式中，EOQ为经济订货批量；C为单位订货成本（元/次）；D为某库存物品的年需求量（件/年）；K为单位库存平均年库存保管费用［元/（件·年）］；P为单位采购成本（元/件）；F为单件库存保管费用与单件库存采购成本之比。

经济订货批量模型是在总成本最小的情况下得出的订货批量，其模型是通过对库存物品的年度总费用（TC）［采购成本（DP）+订货成本（DC/Q）+库存保管费用（$QK/2$）］中的每次订货批量Q求导得出的。

2.有折扣的经济订货批量模型

（1）考虑数量折扣的经济批量模型。供应商为鼓励买方大批量购买物品，通常规定当购买数量达到或超过某一数量时将提供优惠价格。在这种情况下，买方要通过计算来确定是否需要增加订货量去获得折扣，通常采用以下方法确定。

①计算经济批量。通过基本经济订货批量模型：

$$\text{EOQ}=\sqrt{\frac{2CD}{K}}=\sqrt{\frac{2CD}{PF}}$$

按原价计算出经济批量（EOQ）和按照折扣单价计算出经济批量$\text{EOQ}_{折}$。

②计算总成本。通过公式$\text{TC}=DP+\frac{DC}{Q}+\frac{QK}{2}$计算出采用原价所确定的经济订货批量（EOQ）采购时的总成本（TC）和按给定的享受折扣时的批量采购时的总成本$\text{TC}_{折}$。

③进行分析判断。若按照折扣单价计算出的经济订货批量（$\text{EOQ}_{折}$）小于可以享受批量折扣的数量时，说明此经济批量无效。然后，把按原价采购的经济批量的总成本（TC）和按享受折扣时的批量采购的总成本（$\text{TC}_{折}$）进行比较，若$\text{TC}\geqslant\text{TC}_{折}$，则应该以商家提供的折扣数量为最佳采购批量；若计算出的经济批量（$\text{EOQ}_{折}$）大于可以享受此批量折扣的数量时，应按经济批量采购。此时既可享受折扣优惠，又能达到总成本最低，是最理想的情况。

（2）考虑运输数量折扣的经济批量模型。在运输费用由卖方支付的情况下，一般不考虑运输费用对库存成本的影响；如果运输费用由买方支付，则会对库存成本产生较大的影响。当增加批量可以得到运价上的折扣时，买方就要考虑是否加大购买批量。具体方法如下：

①按经济批量计算总成本（TC）

$$\text{TC}=DY+\frac{DC}{Q}+\frac{QK}{2}$$

式中，Y为单位运输成本（元/件）。

②采用上述公式按折扣运价批量计算总成本（$\text{TC}_{折}$）。

分析：若$\text{TC}_{折}$小于TC，则按折扣运价批量采购，否则按经济批量采购。

3.允许缺货的经济订货批量模型

实际生产过程中，订货到达时间和每日耗用量不可能固定不变，因此有时出现缺货。此时的经济订货批量模型为：

$$EOQ=\sqrt{\frac{2C_3D}{C_1}}\cdot\sqrt{\frac{C_1+C_2}{C_2}}$$

式中，C_1为单位保管费用；C_2为单位缺货费；C_3为订货成本；D为需求量。

关键点提示

确定经济订货批量的模型有：

1.基本的经济订货批量模型；2.有折扣的经济订货批量模型；3.允许缺货的经济订货批量模型。

1.12 如何运用定量订货法

工作场景描述

当想要采用定量订货法进行订货时，可查看。

解读与分析

定量订货法是在库存下降到预定的最低库存量（订货点）时，按规定数量（一般以经济批量EOQ为标准）进行订货补充的一种库存控制方法。它主要靠确定订货点和订货批量两个参数来控制订货，这样既能更好地满足库存需求，又能使总费用降至最低。订货点和订货批量的计算方法如下。

1.确定订货点

根据影响订货点的三个因素，即订货提前期、平均需求量和安全库存来确定订货点，具体方法如下。

（1）在需求量和订货提前期确定的情况下，不需要设立安全库存时，计算公式如下：

$$订货点=\frac{订货提前期（天）\times 全年需求量}{360}$$

（2）在需求量和订货提前期都不确定的情况下，需要设立安全库存，计算公式如下：

$$订货点=（平均需求量\times最大订货提前期）+安全库存$$

$$安全库存=K\sqrt{最大订货提前期}\times需求变动值$$

2.确定订货批量

在定量订货法中，对每个品种的商品，每次订货批量都是相同的。所以，每个品种都要确定一个订货批量，通常取经济批量为订货批量。计算公式为：

$$Q_{批}=\mathrm{EOQ}=\sqrt{\frac{2CD}{K}}=\sqrt{\frac{2CD}{PF}}$$

式中，C为单位订货成本（元/次）；D为某库存物品的年需求量（件/年）；K为单位库存平均年库存保管费用（元/件）；P为单位采购成本（元/件）；F为单件库存保管费用与单件库存采购成本之比。

3.适用范围

定量订货法的订货数量固定，具有便于采用经济订货批量进行订货等优点，同时也具有不便于严格管理、事前计划比较复杂等缺点。因此，这种方法有一定的适用范围。通常在以下五种情况下采用定量订货法比较适合。

（1）单价比较便宜，不便于少量订货的产品，如螺栓、螺母等。

（2）需求预测比较困难的维修材料。

（3）品种数量繁多、库房管理事务量大的物品。

（4）消费数量计算复杂的产品。

（5）通用性强、需求总量比较稳定的产品。

关键点提示

定量订货方式的参数：

1.确定订货点；2.确定订货批量；3.适用范围。

1.13 如何运用定期订货法

工作场景描述

当想要使用定期订货法进行订货时，可查看。

解读与分析

定期订货法是基于时间的订货控制方法，它通过设定订货周期和最高库存量，达到控制库存的目的。定期订货法需要确定以下三个方面内容。

1.订货周期的确定

订货周期实际上是定期订货的订货点，其间隔时间总是相等的，具体计算公式如下：

$$T_{周}=\sqrt{\frac{2C}{KR}}$$

式中，$T_{周}$为经济订货周期；C为单位订货成本；K为单件库存平均年库存保管费用；R为单位时间内库存商品需求量（销售量）。

2.最高库存量的确定

定期订货法的最高库存量计算公式为：

$$Q_{\max}=\overline{R}(T+\overline{T_{k}})+Q_{s}$$

式中，$Q_{\max}$为最高库存量；$\overline{R}(T+\overline{T_{k}})$期间的库存需求量平均值；$T$为订货周期；$\overline{T_{k}}$为平均订货提前期；$Q_{s}$为安全库存量。

3.订货量的确定

定期订货法每次的订货数量是不固定的，订货批量的多少，由当时实际库存量的大小决定。每次订货量的计算公式是：

$$Q_{i}=Q_{\max}+Q_{Ni}-Q_{Ki}-Q_{Mi}$$

式中，Q_i为第i次订货的订货量；Q_{max}为最高库存量；Q_{Ni}为第i次订货点的在途到货量；Q_{Ki}为第i次订货点的实际库存量；Q_{Mi}为第i次订货点的待出库货数量。

使用定期订货法确定订货批量时，要考虑到订货点时的在途到货量和已发出出货指令但尚未出货的待出货数量。

4.适用范围

定期订货法的订货时间固定，每次订货量不固定，根据其特点，适合在以下几种情况采用。

（1）消费金额高、需要实施严格管理的重要物品。

（2）需要根据市场状况和经营方针经常调整生产或采购数量的物品。

（3）需求量变动幅度大，但变动具有周期性，而且可以正确判断其周期的物品。

（4）建筑工程、出口等时间可以确定的物品。

（5）受交易习惯的影响，需要定期采购的物品。

（6）多种物品一起采购可以节省运输费用的。

（7）同一品种物品分散保管、同一品种物品向多家供货商订货、批量订货分期入库等订货、保管和入库不规律的物品。

（8）获取时间很长的物品，定期生产的物品。

（9）制造之前需要人员和物料的准备，只能定期制造的物品等。

关键点提示

定期订货法需要确定的变量：

1.订货周期；2.最高库存量；3.订货量；4.适用范围。

1.14 如何使用ABC分类法

工作场景描述

当想要使用ABC分类法进行库存管理时，可查看。

解读与分析

一般来说，企业库存的物资种类繁多，每种物资的价格不同，库存数量也不相等。由于企业资源有限，为了使有限的时间、资金、人力、物力等资源得到更有效地利用，应对物资采用ABC分类法进行管理控制，具体实施步骤如下。

1.制订ABC分类标准

进行ABC分类法管理，首先要根据库存中各种物资在一定期间消耗（供应）的金额，对库存物资进行ABC分类，消耗（供应）金额高的划归A类，次高的划归B类，低的划归C类。

（1）使用下列公式计算某种物资在一定期间的消耗（供应）金额。

消耗（供应）金额=单价/消耗（供应）数量

（2）按照消耗（供应）金额的大小顺序，排出其品种序列。消耗（供应）金额最大的排在第一位，依次按顺序排列，然后计算各品种供应金额占总消耗（供应）金额的百分比。

（3）按照消耗（供应）金额大小的品种序列，计算消耗（供应）金额的累计百分比。我们把占消耗（供应）金额累计70%左右的各种物资作为A类，占20%左右的作为B类，除此以外的分作C类。

具体的划分标准及各类物资在总消耗金额中所占的比例，并没有统一的规定。要根据各企业仓库的库存品种、具体情况和企业经营者的意图来决定。但是根据众多企业运用ABC分类法的经验，一般可按各类物资在总消耗金额中所占的百分比来划分，具体参考数据如下：

各类物资在总消耗金额中所占的百分比

类别	在总消耗金额中所占的百分比（%）	品种数（%）
A	60～80	10～20
B	15～40	20～30
C	5～15	50～70

2.采取管理措施

（1）A类物资的管理。由于A类货物进出仓库比较频繁，对库存成本影响很大，所以要认真对待，要投入相应的人力、物力，以提高管理水平。对A类物品，需要有详细的进出库记录，经常检查库存情况，精心做好货物的保管工作，随时提供准确的库存信息，进行严格的控制。在满足企业内部和客户需要的前提下，维持尽可能低的安全库存量。在库存配置上，应把A类货物储存在靠近客户的配送中心，使客户一订货就能马上收到，以便企业提供及时、优质的服务。

（2）B类物资的管理。B类物资相对来说进出库不太频繁，一般对货物的组织和发送影响较小。通常可采用定期订货法订货。在库存配置上，可以把这类货物分别放在工厂仓库和配送中心保管。库存数量可以按照各种具体情况来决定。

（3）C类物资的管理。C类物资需要占用较多的货场资源，管理费用相对较高，这类物资管理的重点应该是简化管理。对于很少使用的货物，可规定最少出库的批量，以减少处理次数，同时应储备必要的数量；对于数量大、价值低的货物，可以不纳入日常管理范围，以减少对这类货物的盘点次数和管理工作。

ABC类货物库存管理表

管理方法 / 分类	A	B	C
库存配置	配送中心	仓库或配送中心	工厂仓库
定额的查定	技术计算法	现场查定法	经验估算法
检查	经常检查	一般检查	按季或年检查
统计	详细统计	一般统计	按金额统计
控制	严格控制	一般控制	金额总量控制
安全库存量	尽可能低	较大	允许较高

关键点提示

ABC分类法的具体实施步骤：

1.制订ABC分类标准；2.采取管理措施。

1.15 如何实现零库存管理

工作场景描述

当想要实现货物的零库存时，可查看。

解读与分析

存货对于企业来说就是浪费，它耗费空间、资金和时间。各企业都致力于实现本企业的零库存。在实践中，各企业可根据自身现状选择以下途径实现零库存。

1.委托保管方式

将需要保管的货物，委托给专业的仓库或物流组织保管，并向其支付一定的保管费用。由于专业的仓库或物流组织具有专业优势，可以实现较高水平管理和较低费用的库存管理，企业可以不再设立仓库及相应设备，减少了仓库及库存管理的大量事务，从而实现企业的零库存。

2.协作、配套生产方式

这种方式多用于制造业。生产企业与其上游供应商之间构筑起稳定的协作、配套生产方式，并形成稳定的合作关系。这种合作关系稳定后，可以免除生产企业在供货保障工作上的后顾之忧，促使减少物资库存总量，甚至取消库存，实现零库存。

3.分包销售方式

生产企业通过实行集中设库储存产品，统一组织产品销售，并通过配额供货的方式将产品分包销售给经销商，就实现了销售品的零库存。

4.看板供货方式

在企业内部各工序或企业之间，通过采用固定格式的卡片方式，由下一环节根据自己的生产节奏向上一环节提出供货需求，上一环节再根据卡片上指定的需求数量、品种等及时组织供货，使需求者无须保有库存，最终实现零库存。

看板主要有生产看板和取货看板两种。生产看板是在工厂内指示某工序加工制造规定数量工件所用的看板，包括加工工件的件号、件名、类型、存放位置、背面编号以及加工设备等。取货看板是后道工序按看板上所列件号、数量等信息，到前道工序领取零部件的看板，包括工件的件号、件名、类型、存放位置、背面编号、前加工工序号和后加工工序号等。

5.“水龙头”方式

由于此种方式像拧开水龙头就可以取水一样无须自己保有库存，所以被称为“水龙头”方式。

用户随时提出购入要求，供货者依靠自身拥有的物流设施和先进的物流设备，以自己的库存和有效的供应系统，通过多种方式配送来保障物资及时供应，从而实现零库存。

关键点提示

实现零库存的方法有：

1.委托保管方式；2.协作、配套生产方式；3.分包销售方式；4.看板供货方式；5.“水龙头”方式。

1.16 如何使用JIT存货管理方式

工作场景描述

当想要采用JIT方式对存货进行管理时，可查看。

解读与分析

JIT（Just in Time）方式在库存管理中主要应用于订货管理，即在采购管理中形成的一种先进的采购模式——准时化采购。JIT采购方式不但可以减少库存，还可以加快库存周转，缩短提前期，提高进货质量，取得满意的交货效果，等等。通过以下步骤，可以实现JIT采购。

1.创建准时化采购班组

准时化采购班组由对JIT采购方法有充分了解和认识的人员组成，其主要职责是寻找货源、商定价格、发展并不断改进与供应商的协作关系。准时化采购班组通常可分为两个小组：一组专门负责处理有关供应商的事务，如认定和评估供应商的信誉、能力，与供应商谈判、签订合同，向供应商发放免检证等；另一组负责监督准时化采购过程，不断消除采购过程中的浪费。

2.制订采购策略

这是实施准时化采购的关键一步。只有合理制订采购策略，才能充分发挥准时化采购的优势。在这一过程中企业要结合现状，依据准时化采购策略的核心思想，制订适合本企业的采购策略，从而改进原有的采购方式；还要与供应商保持良好的信息交流与沟通，一起商定目标和相关措施。

3.精选少数供应商，建立商业伙伴关系

企业要对供应商进行能力评估，尽量减少供应商的数量。企业在选择供应商时，应考虑供应商的产品产量、供货能力、应变能力、地理位置、企业规模、财务状况、技术水平、价格以及其他供应商的可代替性等。当企业选定后，要注意维护和供应商的战略

联盟关系，建立良好的商业伙伴关系。

4.进行试点工作

选择企业的一两种原材料，运用新的采购策略进行试点，观察运行结果，通过把它和预想的结果进行对比，总结经验教训，待新策略可以顺利运行时再正式对所有原材料实施JIT采购。

5.进行供应商的培训，确定共同目标

为得到供应商的支持和配合，需要对供应商进行有关JIT采购策略和运作方法方面的培训，使供应商能够了解JIT采购的运作过程以及对供需双方的好处，这有利于双方树立共同的目标，从而更好地协作开展JIT采购。

6.向供应商颁发产品免检签证

企业对供应商提供的产品进行质量检查和评定，对质量合格产品且信誉好的供应商颁发免检签证，这样就可以对拥有免检签证的企业产品省去烦琐的检验过程。

7.采用配合节拍进度的交货方式

为使JIT采购最终能满足JIT生产方式的要求，交货方式要从预测交货向JIT交货方式转变，最终实现当需要某物资时，该物资刚好到达并被生产所使用。

8.继续改进，不断完善

为保证JIT采购的不断完善，实施过程中企业要不断总结经验教训，从降低运输成本、提高交货准时性和产品质量、降低供应商库存等方面改进，不断提高准时化采购的运行绩效。

关键点提示

实施JIT存货管理方式的步骤如下：

1.创建准时化采购班组；2.制订采购策略；3.精选少数供应商，建立商业伙伴关系；4.进行试点工作；5.进行供应商的培训，确定共同目标；6.向供应商颁发产品免检签证；7.采用配合节拍进度的交货方式；8.继续改进，不断完善。

第2章

仓储物料管理常见问题

货物经检验合格就可以进入仓库保管阶段。货物保管主要是指对货物进行合理的保存和经济的管理，将货物存放在合适的仓库位置。这需要企业对仓库存储空间进行合理的规划，为货物提供良好的保管环境和条件。货物保管业务主要包括理货、分区、分类、货位编码、合理堆码以及苫垫、盘点等各项工作。

2.1　如何进行理货

工作场景描述

当想要完善理货业务程序时，可查看。

解读与分析

理货是货物入库的第一道检查，通过对货物的全面检查，及时发现货物的不良情况，并采取妥善的处理措施，或采用特别的保管手段，提高保管质量。

1. 理货的作用

（1）仓库履行仓储合同的行为。仓库理货工作是仓库确认收存货物实物的作业过程，经过理货意味着仓库接收货物，是仓库保管人履行仓储合同义务的行为。

（2）确保仓库保管质量的第一道关口。

（3）划分责任。通过理货确定货物的数量、质量情况，即时发现货物短缺、残损。仓库对理货时所发现的短缺和残损不承担责任，未发现的原残就会成为仓储期间的损耗，由仓库承担责任。理货时发现的货物质量隐患，减轻了仓库对货物保管质量的负责程度。另外，理货工作从时间上划分了仓库负责的范围，理货之后发生的残损，原则上由仓库负责。

（4）仓储作业的过程。

（5）交接工作。货物经过理货确认后，由理货人员与送货部门或者承运人办理交接手续，签署送货单或交接清单、现场单证，接收送货文件。

2. 理货的工作内容

（1）清点货物件数。

对于件装货物，包括有包装的货物、裸装货物和捆扎货物，根据合同约定的计数方法，点算完整货物的件数。如合同没有约定，则仅限于点算运输包装件数（又称“大数点收”）。对于合同约定计件方法为细数及需要在仓库拆除包装的货物，则需要点算最小独立（装潢包装）的件数，包括捆内细数、箱内小件数等；对于同时要确定件数和单重的货物，一般只点算运输包装件数。

（2）查验货物单重。

货物单重是指每一次运输包装的货物重量，一般通过称重的方式核定，按照数量检验方法确定称重程度。

（3）查验货物重量。

衡量单件重量，总重等于所有单件重量之和。

分批衡量重量，总重等于每批重量之和。

入库车辆衡重，总重=总重车重量–总空车重量。

抽样衡量重量，总重=（抽样总重/抽样样品件数）×整批总件数。

抽样重量核定，误差在1%以内，总重=货物单件标重×整批总件数。

此外，对设有连续法定计量工具的仓库，可以直接用此设备自动衡重。需连续计量的设备主要有轨道衡、胶带衡、定量灌包器和流量计等，其有效性必须经国家计量行政管理部门检验合格后方可使用。

（4）检验货物表面状态。

理货时，应对每件货物进行外表感官检验，查验货物外表状态，只接收货物外表状态良好的货物。外表检验是根据仓库基本的质量检验要求所进行的检验，目的是检查货物有无包装破损、内容损坏、变质、油污、散落、标志不当、结块和变形等不良质量状况。

（5）剔除残损。

理货时发现货物外表状态不良，或者怀疑内容损坏等，相关人员应将不良货物剔除后单独存放，避免与其他正常货物混合。待理货工作结束后再进行质量确定，确定内容有无受损以及受损程度。相关人员对不良货物可以采取退货、修理、重新包装等措施进行处理，或者制作残损报告，以便明确责任。

（6）货物分拣。

仓库原则上采取分货种、分规格、分批次的方式储存货物，以保障仓储质量。对同时入库的多品种和多规格货物，仓库有义务进行分拣、分类、分储。理货工作就是要进行货物的确认和分拣作业。对仓储委托的特殊的分拣作业，如对外表的分颜色、分尺码等，也应在理货时完成，以便分存，需开包进行内容分拣时，则需要独立作业。

（7）安排货位、指挥作业。

由理货人员进行卸车、搬运和垛码作业指挥的工作。根据货物质量检验需要，需指定检验货位；无须进一步检验的货物，直接确定存放位置。作业人员要按照预定的堆垛方案进行堆码货或者上架。对于货垛需要的垫垛、堆垛完毕的苫盖，指挥作业人员按要求存放。作业完毕，作业人员要清扫、运输、搬运和清理作业现场，收集地面货物。

（8）处理现场事故。

对于理货过程中发现的货物残损，不能退回的情况，仓库只能接受，并制作残损记录，并由送货人、承运人签署确认。对于作业中发生的工损事故，也应制作事故报告，由事故责任人签字确认。

（9）办理交接手续。

由理货人员与送货人、承运人共同办理货物交接手续，接收随货单证、文件，填制收费单据，理货人员代表仓库签署单证，提供单证由对方签署等。

关键点提示

理货作业的内容有：

1.清点货物件数；2.查验货物单重、尺度；3.查验货物重量；4.检验货物表面状态；5.剔除残损；6.货物分拣；7.安排货位、指挥作业；8.处理现场事故；9.办理交接手续。

2.2 如何划分货区

工作场景描述

当想要准确划分货区时，可查看。

解读与分析

确定货物存放地点时，应注意对货物进行分区存放，以确保货物的储存安全；同时，还应便于检查和取货。货区按照作业性质分为预备货区、保管货区、动管货区和移动货区，其中进货、发货作业在预备货区，入库作业在保管货区，拣货作业在动管货区，配送作业在移动货区。

1.预备货区

预备货区，主要是对货物进行标识、分类，依据需求情况，将货物整齐地存放在货位上，要突出“暂存”的作业特点。因此，货位要明确，货物流通要通畅，以缩短寻货、送货的时间。预备货区的管理一般采用目视和颜色管理相结合的方式。例如，货物进入暂存区前应先分类，配合标识记录看板，把货物放置到指定的暂存区货位。发货作业，对每一车或每一区域路线的待发货物必须排放整齐并加以区分隔离，安置在事先划分好的货位上，再配合看板上的标识，按照发货单所示，依序清点、收货上车。

2.保管货区

保管货区作业要点如下。

（1）保管货区只存放验好的货物，对待验与验好的货物在储存前应区分清楚。

（2）盘点作业应在各货区中分别进行，保管货区的货物量大、品种多，应考虑便利性。

（3）货位以及货架位置，应能视实际情况适时、方便地调整。

（4）应依据入库单，迅速接收预备货区的货物。需要时，依据补货单补货到动管货区。

（5）保管货区要注重颜色管理、目视管理和看板管理，保证货物实现分类储存、分区储存、标识清楚，谨防混淆。

（6）根据货物特性，采用相应的货位方式。

（7）为保证货物的时效性，收发货物应遵循先进先出的原则。对于周转率高的货物，应靠近通道放置。

（8）做好安全防范措施。

入库作业使用的中长期存货区域称为保管货区，是仓库面积最大且最主要的货区。保管货区的规划应考虑以下四点。

（1）地面承载能力。

（2）货物状况。根据储存货物的品种、规格、数量、重量、尺寸以及形状等确定储存方式。

（3）出入口以及通道。应根据货物、运输工具等情况，确定出入口大小、位置、数量以及通道的宽窄、走向等。通道与货区应以不同的颜色标识。

（4）其他因素。如消防设施、非货区、照明等。

3.动管货区

动管货区常常采用货物标识、位置指示以及拣货设备相结合的管理方法，以达到缩短拣货时间、距离以及降低拣错率的目的。

4.移动货区

在移动货位管理中，应做到：

（1）合理安排车辆排序，优化车辆行驶路线。

（2）车内应预留一定空间，以便货物在车上的搬动以及人员的站位。

关键点提示

货区划分包括四类：

1.预备货区；2.保管货区；3.动管货区；4.移动货区。

2.3 如何设计保管空间

工作场景描述

当需要对保管空间进行合理划分时，可查看。

解读与分析

保管空间是货物采购、运输和配送的中继站。企业有效地利用保管空间是一项重要工作。影响保管空间设计的因素包括三个方面。

（1）影响货架摆放、搬运，车辆移动和输送分类设备安置时的柱子距离。

（2）影响货架高度和货物堆放高度的屋梁下高度。

（3）影响保管使用面积及搬运方便性的通道布置。

下面分别介绍柱子距离和梁下高度的计算。

1.柱子距离计算

设计柱子距离时，除了考虑楼层数、楼层高度、地面承重和抗震能力等条件外，还应考虑保管效率和作业效率。影响仓库保管空间柱子距离的因素如下。

（1）根据库内停靠卡车台数和种类计算柱距。因为车辆不同，其载货体积和长度不一样，要求的空间及柱距也不一样。室内货车停靠场合柱距以及停靠月台柱距计算公式如下：

$$W = C_1N + C_2(N-1) + 2C_3$$

式中，W为柱距；C_1为货车宽距；C_2为货车间距（一般为1m）；C_3为货车与柱子距离（一般为0.75m）；N为车的台数。

（2）根据保管区存放设备的种类和规格尺寸计算柱距。托盘货架正面宽度方向柱距计算公式如下：

$$W = C_1N + C_2(N-1) + 2C_3$$

式中，W为柱距；C_1为托盘宽度；C_2为托盘间距（一般为50mm）；C_3为托盘与柱子距离

（一般为50mm）；N为托盘台数。

（3）根据通道宽度和储存设备间距来计算柱距。设计保管区时，必须考虑柱子位置是否影响堆垛机出入口位置及输送机安装位置。设计柱距时，保证通道宽度和储存设备的间隔要求。托盘货架自动化立体仓库的柱距设计计算公式如下：

$$W = (C_1 + 2C_2 + C_3)N$$

式中，W为柱距；C_1为托盘（货架）背面距离；C_2为托盘（货架）深度；C_3为堆垛机通道宽度；N为双排货架间距数。

2.梁下高度计算

设计保管空间时，必须优化设计梁下高度。这个高度受货物堆积高度、堆垛机扬程和货架高度的影响。影响梁下高度的因素如下。

（1）货态、设备型号和堆积高度。根据保管设备和货物堆积方式来决定梁下高度。地面堆积梁下有效高度计算公式如下：

叉车最大提升货高：

$$H_0 = H_1 \cdot N + F$$

式中，H_0为最大提升高度；H_1为货物高度；F为货叉抬货高度；N为堆叠层数。

梁下高度计算公式如下：

$$H_e = H_1 + a$$

式中：H_e为梁下有效高度；H_1为最大提升高度；a为梁下间隙尺寸。

（2）货态叉车型号规格。叉车型号规格不一样，最大提升货物高度也不一样。因此，叉车型号规格直接影响到堆货高度和梁下有效高度。

（3）货态货架高度。各种货架都有其基本的设计高度，按设计高度装货，才是最经济的。梁下高度是在货架高度的基础上设计出来的。设计梁下高度时必须留有富余尺寸，即梁下高度等于最大提升货高加梁下富余尺寸。一般梁下富余尺寸取0.3～0.6m。

关键点提示

保管空间设计需注意的问题：

1.柱子距离计算；2.梁下高度计算。

2.4 如何堆码

工作场景描述

当需要对仓储货物进行合理堆码时，可查看。

解读与分析

商品堆码也称码垛，就是将存放的商品整齐、有规划地摆放成货垛的作业，也就是根据商品的包装外形、重量、数量、性能和特点，结合地坪负荷、储存时间，将商品分别堆成各种垛形。商品堆码的合理与否，与储存商品的完好性、仓容利用程度及安全作业等方面都有很大关系。

合理堆码是保证商品不变形、不受损的重要条件，也是提高仓储作业效率、减少作业差错的必要措施。堆码方法如下。

1.堆码前的准备工作

（1）计算垛的占地面积

$$占地面积=\frac{总件数}{总码层数}\times 每件物资底面积$$

或

$$占地面积=\frac{总重量}{层数\times 单位面积重量}$$

$$单位面积重量=\frac{每件（物资）毛重}{每件（物资）底面积}$$

（2）计算层数

$$可堆层数=\frac{（地坪）单位面积最大}{每层单位面积重量}$$

$$垛高=可堆层数\times 每件（物资）高度$$

2.堆码技术

（1）货垛堆码法。货垛堆码法适用于有外包装的商品，如箱、包、桶、袋等，或用于不需要包装的大宗商品，如钢材。商品的性能不同、规格不同、包装各异、外形多样，故货垛的堆码形式较多。常见的形式有重叠式、纵横交错式、仰伏相间式、鱼鳞式、压缝式、柱式、通风式和宝塔式。

（2）货架堆码法。使用货架堆码时，要在库房地坪、货场地面负荷能力允许的条件下，尽量向空中发展。要根据商品的性能特点、设备条件，积极开展技术改造，努力设计和制作既经济方便又能充分利用仓容的各种货架。

（3）散堆法。散堆法适用于露天存放的、没有或不需要包装的各种大宗商品，如煤炭、生铁等。露天存放商品的数量一般占仓库总库存量的70%以上。

（4）“五五化”堆放法。“五五化”是以“五”为基本计算单位，根据物资的形状码成各种垛形的方法。如大的五五成方、高的五五成行、散装的五五成堆、小的五五成包、带眼的五五成串等。每垛总数为“五”的倍数，它的优点是利于物资的清点、过目成数、提高工作效率、减少差错等。

关键点提示

堆码技术包括：

1.货垛堆码法；2.货架堆码法；3.散堆法；4.“五五化”堆放法。

2.5　如何使用物资堆码累进计量法

工作场景描述

当想要准确了解并掌握物资堆码累进计量法时，可查看。

解读与分析

累进计量是指将所需储存保管的物资，从开始堆垛时，根据以往发放量，分别采取单件、分层、分捆累进计数，然后沿着从里到外、从左到右、从下到上的顺序累计，码完垛后，其最大数量在最上层。物资出库发货时，必须沿着从外到里、从右到左、从上到下的顺序递减，不然会出现差错。累进计量保管物资，可以做到过目知数，其意义在于减少物资盘点工时的消耗，提高保管业务的工作效率。

物资堆码保管实行累进计量法管理，是多年来实践总结的经验。它适用于不等量物资和大量物资的单件计量、分层计量和分捆计量堆码货垛，具体应用如下。

1.各类棒、管材料分层累进计量

如果第一层质量（重量）为102kg，第二层为103kg，两层累进数量为205kg，即在第二层材料右侧面写“2×（103/205）”。当第三层为98kg时，其三层累进数量应为303kg，同样在第三层右侧面写上“3×（98/303）”，依次类推，码完垛后的最大数量在最上层。

2.大型材料单件累进计量

大型材料在检斤堆垛时，一般采取单根计量，累进计数堆放保管。最上层靠右边的一根为货垛的最大数量。

3.小型和中型金属材料单捆累进计量

多以单捆累进计量堆码保管，即按捆检斤累进计数。在每捆上均应有一个检斤计量的标牌，每层应有分层计量，每垛应有累进计量。

4.各类检尺物资累进计量

相关人员检尺验收时应遵循由里到外的次序，在每米的位置写上数量，依次类推写上累进递增数量。验收完毕后，其最大数在最外层。出库发货时，应遵循由外向里次序递减。

5.散装物资定量累进计量

大宗煤、焦炭、散装水泥等可以按照发放量，结合货场的具体情况，“五五化”堆码，按从左向右的次序累进计量堆放保管，从右到左递减发放。

综上可知，累进计量保管物资的检斤、点数，可以减少损耗和避免重复劳动，即物资发放不仅降低物资保管成本，还便于物资盘点，过目知数，提高保管业务的工作效率。

关键点提示

物资堆码累进计量法的应用包括：

1.各类棒、管材料分层累进计量；2.大型材料单件累进计量；3.小型和中型金属材料单捆累进计量；4.各类检尺物资累进计量；5.散装物资定量累进计量。

2.6　如何进行苫垫

工作场景描述

当想要全面了解并掌握苫垫技术时，可查看。

解读与分析

苫垫是保管商品的重要措施，它包括垫垛和苫盖两部分。部分商品堆垛时需要垫垛；而对于露天存放的商品，在货垛上有的还要苫盖。

1.垫垛

在露天货场垫垛，首先要平整夯实货场地面，以免堆垛后由于地面下沉造成倒垛事故；然后，再摆放水泥墩、石墩或建固定垛基，墩与墩之间留有一定的间距，便于空气流通，必要时可在垫墩上铺一层防潮纸，而后再放置储存商品。垫垛的高度，露天货场可保持在40cm左右；库房和货棚要根据地坪和商品防潮要求而定，如水泥地面一般只需垫仓板、枕木或水泥条，高度达20cm以上即可。若楼层干燥，地面可以不垫，只需铺一层防潮纸。对于化工材料、动植物制品以及易受潮霉变的商品，应尽可能加高垫层，使垛底通风良好。

2.苫盖

（1）直接苫盖法。苫好之后用绳子拉紧固定，防止被风刮掉。如果垛大而苫盖物小，需用几块苫盖物时，在搭接的地方要留有一定宽度，注意上面在外，下面在内，以防雨水渗入。苫盖材料的选择应符合防火、安全、经济以及耐用的要求。

常用的苫盖材料有铁皮、芦席、竹席、油毡纸、塑料布、苫布以及玻璃钢瓦等。在易燃易爆品仓库内，不得使用芦席、油毡纸等易燃的苫盖物。不论使用何种苫盖物，货垛苫盖时不要留有空隙。对于油毡纸等易燃的苫盖物，垛底的垫木、垛基等不可露在苫盖物外面，以防雨水顺沿渗入垛内。苫盖物不能苫到地面，以防阻碍垛底通风。

（2）隔离苫盖法。此方法与其他苫盖法的区别在于，苫盖材料与货垛商品不直接接触，而是采用隔离物使苫盖材料与货垛间留有一定空隙。其优点在于垛内通风散潮，便于排水，防止雨水渗透。

（3）活动棚架苫盖法。根据堆垛形状制成棚架，在棚架上面及四周铺围铁皮、玻璃钢瓦等物，并在棚柱底部装上轮子。整个货棚可沿着固定轨道移动，其外形与固定棚架相似。活动棚既是储存物资的棚子，也是苫盖物。

关键点提示

苫盖技术包括：

1.直接苫盖法；2.隔离苫盖法；3.活动棚架苫盖法。

2.7 如何进行商品编码

工作场景描述

当想要采用科学方法对库存商品编码时，可查看。

解读与分析

为了保证仓储作业准确而迅速地进行，必须对商品进行清楚、有效的编码。当商品的种类成百上千时，若不进行商品编码就容易出现管理混乱。特别是实现计算机管理后，商品编码必不可少。

1. 商品编码的作用

（1）提高商品资料的准确性。

（2）提高商品管理效率。

（3）降低商品库存量与成本。

（4）防止各种商品舞弊事件的发生。

2. 商品编码的方法

（1）流水编码法。

这是最简单的编码法，由1开始，按数字顺序一直编下去。它又叫延伸式编码，多用于账号或发票编码。例如：

编码	货物名称
1	香皂
2	肥皂
3	洗涤剂
n	……

（2）数字分段法。

把数字分段，每一段代表具有共同特性的一类货物。例如：

编码	货物名称
1	6支装牙膏
2	12支装牙膏
3	牙膏预留编码
4	牙膏预留编码
5	佳洁士
6	高露洁

（3）分组编码法。

按货物特性分成多个数字组，每个数字组代表货物的一种特性。例如：

类别	形状	供应商	尺寸
07	5	006	112
饮料	圆筒	健力宝	100mm × 200mm × 400mm

（4）实际意义编码法。

按照货物的名称、重量、尺寸、分区、储位和保存期限等实际情况来编码。

例如：

B1表示B区第1排货架；

4915表示尺寸4mm×9mm×15mm；

FO表示FOOD，食品类。

（5）后数位编码法。

利用编码末尾数字，对同类货物进一步分析。例如：

编码	货物类别
380	服饰
390	女装
391	上衣
391.1	衬衫
391.11	白色

（6）暗示编码法。

用数字和文字组合来编码，暗示了货物内容，易记忆又不易让外人知道。例如：

BY	05	W	B	10
自行车	型号大小5号	白色	儿童型	供应商代号

关键点提示

商品编码的具体方法有：

1.流水编码法；2.数字分段法；3.分组编码法；4.实际意义编码法；5.后数位编码法；6.暗示编码法。

2.8　如何进行货位编码

工作场景描述

当想要科学地对仓库货位进行编码时，可查看。

解读与分析

为了使存取工作顺利进行，必须对货位进行编码。货位编码好比货物的地址，有了相应的地址，存取时才能迅速而准确。

1. 货位编码的作用

（1）确定储位资料正确性。

（2）为计算机提供货位记录位置，以便识别。

（3）为发货、拣货、补货人员提供存取货物的位置，提高工作效率。

（4）提高调仓和移仓的工作效率。

（5）便于计算机分析处理。

（6）方便盘点货物。

（7）便于规划储存空间、控制货量和降低成本。

2. 常见的货位编码方法

（1）区段法。

这种方法以区段为单位，每个号码代表的储区较大，适用于大量而保管期短的货品。区域大小根据物流量大小而定，进出货暂存区的货位编码可采用区段法。

A1	A2	A3
通道		
B1	B2	B3

（2）品项群法。

把一些相关性货品经过集合后，区分成几个品项群，再对每个品项群编码。这种方式适用于容易按商品群保管的场合和品牌差距大的货品，如服饰群、五金群、食品群等。

（3）地址法。

利用保管货区中现成的参考单位，如建筑物第几栋、层、格等，按相关顺序编码，如同邮政地址的区、胡同区段、排、行、号一样。较常用的编号方法一般采用“四号定位法”。

（4）坐标法。

利用x、y、z空间坐标对货位编码。这种编码方式直接对每个货位定位，管理上比较复杂，适用于流通率很小且存放时间长的物品。

货位编码的注意事项：尽量不要在相同货位编码中存放几种不同的商品。如果必须在相同货位编码中存放几种物品时，可采用货位切割的方法，即用隔离板把货位空间分成多个小区，每个小区按花色种类标明货号。

关键点提示

货位编码的常用方法有：

1.区段法；2.品项群法；3.地址法；4.坐标法。

2.9 如何进行盘点作业

工作场景描述

当需要对盘点工作进行科学作业时，可查看。

解读与分析

商品在储存过程中，因其本身性质、自然条件的影响、计量工具的合理误差，或人为原因，易造成商品数量和质量的变化。为及时了解和掌握商品在储存过程中的这些变化，需要进行经常或定期盘点。

盘点分为账面盘点和现货盘点。账面盘点又称永续盘点，就是把每天入库及出库商品的数量与单价，记录在电脑或账簿上，而后不断累计加总，算出账面上的库存量及库存金额。现货盘点又称实地盘点或实盘，也就是实地去点数、调查仓库内商品的库存量，再依据商品单价计算，算出库存金额的方法。如果想得到最准确的库存情况并确保盘点无误，最直接的方法就是确定账面盘点与现货盘点的结果是否完全一致，如有账、货不符的现象，就应寻找、分析错误原因，划清责任归属。

盘点作业的程序如下。

1.准备工作

盘点作业前的准备工作十分重要，具体要做好如下工作。

（1）确定盘点的程序和方法。

（2）培训盘点人员。

（3）准备好盘点所用表格以及库存资料。

（4）盘点人员熟悉盘点表格。

（5）配合会计决算进行盘点。

2.确定盘点时间

视物品性质来确定周期。

（1）A类重要物品，每天或每周盘点1次。

（2）B类物品每二至三周盘点1次。

（3）C类一般物品每月盘点1次。

3.确定盘点方法

（1）动态盘点法。该方法有利于及时发现差错，从而进行处理。

（2）循环盘点法。采用该方法时，日常业务照常进行，按照顺序每天盘点一部分。所需时间和人员都比较少，发现差错也可以及时分析和纠正。其优点是对盘点结果出现的差错，很容易及时查明原因，不用加班，节约费用。

（3）期末盘点法。采用该方法必须关闭仓库做全面性的商品清点，对商品的核对十分方便和准确，可减少盘点中的错误，简化存货的日常核算工作。这种方法的缺点是关闭仓库、停止业务会造成损失，大量员工从事盘点工作加大了期末的工作量，不能随时反映存货收入、发出和结存的动态，不便于管理人员掌握情况，容易掩盖存货管理中存在的自然和人为损失，不能随时结转成本。

关键点提示

盘点作业的程序如下：

1.准备工作；2.确定盘点时间；3.确定盘点方法。

2.10 如何进行仓库战略选择

工作场景描述

当要在自有仓库和租用仓库之间进行决策时，可查看。

解读与分析

企业需要仓库储存货物，仓库可自建也可租用。在这两者中怎样选择，才能使制订的仓库战略既经济又合理。可从以下方面考虑。

1.仓库满仓率

一般来说，仓库全年满仓的可能性很小，75%～85%的时间不能满仓。但仓库往往按满仓的要求来设计，于是未满仓的部分就浪费了。因此，自营仓库只要能满足75%左右的需求即可，在仓库使用高峰期，租用更经济。

2.作业灵活性

自营仓库由企业完全控制，具有更大的灵活性。租赁、自营仓库往往对所有客户都采用同一仓储政策和作业程序，灵活性差。所以，当对仓库的作业灵活性要求高时，应选择自营。

3.地点灵活性

地点灵活性包括：需要更多仓库时，能使用到所需要的仓库；淡季时，不必负担额外的仓储费用；改变仓库位置时，基本不发生转换成本。租赁、自营仓库具有更大的地点灵活性，不需企业投入大量资金，在需要时支付租金即可。

4.规模经济效应

高流量的仓库更可能利用先进技术来降低材料搬运和储存成本，发挥规模经济效应。租赁、自营仓库一般规模较大，具有这方面的优势。

5.特殊仓储技术

有些产品（如药品、化学品等）仓储时需要专业的存储人员或专用设备，这时自营仓库可能是唯一的选择方案。

6.其他因素

选择仓库战略还要考虑其他因素，例如：拥有自营仓库可能产生增值收益；自营仓库空间在未来某个时间可转为他用，改为生产设施等；自营仓库还可作为销售部门、自营车队、运输和采购部门的服务基地等。

一般而言，企业既自建仓库又适当租赁仓库比较好，这样既能满足各方面需求，又能节省成本。

关键点提示

仓库战略选择要考虑：

1.仓库满仓率；2.作业灵活性；3.地点灵活性；4.规模经济效应；5.特殊仓储技术；6.其他因素。

2.11　如何计算仓储成本

工作场景描述

当想知道仓库保管存货成本时，可查看。

解读与分析

仓储成本在财务会计中没有直接对应的科目，而是与其他部门发生的费用混合在一起。因此，计算仓储成本既要分析其构成，也要考虑仓储成本与其他费用分离的方式。计算仓储成本可从以下六个方面着手。

1.材料费计算

仓储成本中的材料，主要是仓储过程中使用的衬垫材料、苫盖材料等。材料费根据材料出入库记录中各种材料的领用数量乘以单价后的数额计入仓储成本。

2.人工费计算

仓储成本中，人工费包括仓库管理人员和仓库作业工人的工资、奖金与福利费等。人工费根据工资和福利费分配表中有关仓储人员的部分计入仓储成本。

3.物业管理费计算

物业管理费包括水、电、燃气等费用，可以从安装在仓库设施上的用量记录装置获得相关数据，也可以按其他比例推算，如仓库建筑设施的比例、仓库工作人员的比例等。

4.管理费计算

管理费无法从财务会计方面直接得到相关数据，可按仓库工作人员的比例推算。

5.营业外费用计算

营业外费用包括折旧、利息等。折旧根据仓库中设施设备确定的折旧方法计算，利息根据购置相关资产的贷款利率计算。

6.对外支付保管费用计算

对外支付的保管费用应全额计入仓储成本。

仓储成本主要包括上述六个方面。此外，还包括仓库内的装卸搬运成本。计算仓储成本时，要将各项成本分离出来，加总可得到总仓储成本。如果采取一定的分配方法，还可计算出单位仓储成本。

关键点提示

仓储成本的计算包括：

1.材料费计算；2.人工费计算；3.物业管理费计算；4.管理费计算；5.营业外费用计算；6.对外支付保管费用计算。

2.12　如何进行仓储成本管理

工作场景描述

当想在现有仓储成本中挖掘降低成本的潜力时，可查看。

解读与分析

仓储成本由仓储材料费、仓储人工费等组成，管理这些费用的措施非常重要。仓储成本管理的措施如下。

1.仓储材料成本管理

仓储成本中，衬垫和苫盖材料占很大比例，节约衬垫和苫盖材料成本支出是降低仓储成本的主要方法。所以，要积极开展技术革新和技术改造，节约仓储材料费用，充分挖掘设备潜力。同时，要实行责任成本管理，加强经济核算，不断降低仓储成本。

2.仓储人工费管理

应尽量减少仓库管理人员的工资支出，不断提高仓库作业工人的劳动生产率，以降低仓储成本中的人工费。

3.其他仓储费用管理

燃料、电力、低值易耗品等的费用，占仓储成本的比例较小，但也要加强管理。

4.利用在途存储

在途存储品是正在运输途中的物品，在途存储费用已包含在运输成本中。运输时间长可以减少货物在仓库储存的时间和成本。由于不同运输方式的运送时间存在差异，所以选择恰当的运输方式能大幅度降低甚至消除对常规仓储的需求。

5.适度集中库存

以适度集中库存代替分散的小规模储存，实现库存合理化。集中储存总量的成本大大低于分散储存总量的成本，在不同地方需要库存物资时，可以互相调剂使用。这样既降低了安全库存水平，又保证了供应。但若过分集中，又会使储存点与用户距离拉大，运输及周转储备费用增加。所以适度集中库存，须在储存费和运输费之间权衡，选择最佳结合点。

6.强调成本效益

推行仓储成本管理，控制成本费用支出时应注意以下几点。

（1）在仓储活动的重要领域和环节上对关键因素加以管理。

（2）仓储成本控制要能起到降低成本、纠正偏差的作用，并具有实用、方便和易于操作的特点。

（3）仓储成本管理应具有灵活性，对各种始料未及的情况做出及时反应。

仓储成本管理是一项基础性工作，需要从日常的成本费用核算、现场管理和物流活动中做起。

关键点提示

仓储成本管理包括：

1.仓储材料成本管理；2.仓储人工费管理；3.其他仓储费用管理；4.利用在途存储；5.适度集中库存；6.强调成本效益。

2.13 如何确定缺货成本

工作场景描述

当想知道因缺货造成的损失时，可查看。

解读与分析

缺货成本对企业的影响较大。若存货供应中断，可能造成停工损失、丧失销售机会等。确定缺货成本可按以下两个步骤进行。

1.分析缺货成本类型

（1）延期交货。如果顾客不转向其他供应商，恢复存货供应后会再来购买，则不发生缺货成本。如果企业为了不失去顾客而紧急加班生产，利用速度快、收费高的运输方式运送货物，这些成本就构成延期交货成本。

（2）失去某次销售机会。某些客户在缺货时转向其他供应商，下次又会购买本企业商品，这时缺货成本是未售出商品的利润损失，包括不可计量的机会损失。

（3）永远失去某些顾客。有些顾客在本企业缺货时会永远转向其他供应商，这时缺货成本损失最大，由企业每年从该顾客身上获得的利润和该顾客的使用寿命期限决定。

2.计算缺货成本

（1）某次缺货成本。按上述分析，确定缺货类型，将缺货造成的损失成本相加。

（2）平均一次缺货成本。

①进行市场调查，分析确定三种缺货成本类型所占的比例。

②计算三种情形下的缺货成本。

③利用加权平均法计算平均缺货成本。

计算缺货成本，是为了确定在既定服务水平下的安全库存数量。

关键点提示

确定缺货成本的步骤为：

1.分析缺货成本类型；2.计算缺货成本。

2.14 如何减少缺货损失

工作场景描述

当经常存在缺货现象，缺货成本大时，可查看。

解读与分析

缺货给企业造成许多方面的损失，为减少这些损失，可从以下几个方面入手。

1.科学预测库存量

库存量设置的科学与否，与缺货成本有很大的关系。库存量设置过低，会增大缺货发生的频率，带来较多的缺货损失。进行库存量预测的方法很多，如判断预测法、时间序列法、因果预测法等。企业应根据实际情况，选择合适的库存量预测方法，并定期分析预测方法和预测结果，并总结经验、改进预测工作，不断提高库存预测的科学性。

2.合理设置安全库存

设置安全库存是减少缺货损失的有力手段。安全库存的设置与需求量、采购提前期的情况存在紧密联系。当需求量、采购提前期不同时，安全库存的计算方法也不相同。安全库存量的大小主要由顾客服务水平（P）来决定。顾客服务水平指对顾客需求的满足程度，用公式表示为：

$$P=\left(1-\frac{\text{年缺货次数}}{\text{年订货次数}}\right)\times 100\%$$

根据顾客服务水平查看顾客服务水平表，可以找出一定顾客服务水平下的安全系数（Z）。常见的顾客服务水平与相应的安全系数（Z）如下表所示：

P	99.88%	99%	98%	95%	90%	80%	70%
Z	3.5	2.33	2.05	1.65	1.29	0.84	0.53

现在，可以计算安全库存了。

（1）需求发生变化，提前期固定。因为提前期固定，可以直接求出提前期内需求分布的均值和标准差，取得这些数据后利用下式计算安全库存：

$$SS=Z\partial\sqrt{L}$$

式中，SS为安全库存；L为提前期的长短；∂为提前期内需求的标准方差；Z为一定顾客服务水平的安全系数。

（2）提前期变化，需求固定。这种情况下，需要先计算提前期的标准差，然后用下式计算安全库存：

$$SS=Zd\partial$$

式中，d为提前期内的日需求量；∂为提前期的标准差。

（3）需求和提前期都随机变化。需求和提前期都随机变化的情况比较常见。假设顾客需求和提前期是相互独立的，则安全库存计算公式为：

$$SS=Z\sqrt{\partial_D^2}\sqrt{L}+\sqrt{d^2}\sqrt{\partial_L^2}$$

式中，L为平均提前期水平；∂_L为提前期标准差；d为提前期内的平均日需求量；∂_D为提前期内顾客需求的标准差。

安全库存的加大会增加库存持有成本，因而必须在缺货成本和安全库存仓储成本两者之间权衡。

3.制订应急措施

当出现缺货情况时处理及时、得当，将会减少缺货所带来的损失。因此，必须事先制订应对缺货的各种方案。例如，为某销售区的库存中心制订缺货应急措施，包括规定从哪个库存中心调运，缺货调运指令的发出者，调运所用的运输工具、运输路线等。这样当缺货发生时，就能有条不紊的进行处理。

为减少缺货损失所做的各项工作都需要成本。这些成本不能超过缺货所带来的损失。

在下列情况下，为减少缺货，要保持较高的安全库存。

（1）缺货成本较高或服务水平要求较高。

（2）需求量的波动较大。

（3）前置时间较长。

（4）前置时间的波动较大。

关键点提示

减少缺货损失的措施包括：

1.科学预测库存量；2.合理设置安全库存；3.制订应急措施。

2.15 如何运用ABC库存管理法降低仓储成本

工作场景描述

当想对库存进行重点管理时，可查看。

解读与分析

企业的库存物资种类繁多，特点不一。如果对所有库存物资都统一管理，不仅不可能实现，而且浪费时间、人力和物力，增加物流成本。ABC库存管理法既能保证满足企业需求，又能降低成本，是实践中应用广泛的一种库存管理方法。

1.划分ABC三类物资

（1）收集有关物资的单价、需求量、库存量等数据。

（2）用单价乘以供应物资的数量，计算出每种物资在一定期间（如一年）的供应金额。

（3）按供应金额排序，供应金额最大的品种排在第一位，依次类推。然后计算各品种供应金额占总金额的百分比。

（4）按供应金额的品种序列计算其累计百分比。把占供应总金额累计前70%左右的各种物资作为A类，占累计金额20%左右的各种物资作为B类，余下的作为C类。

（5）考虑各种物资的单价和重要性等因素。对单价高或一旦短缺将影响正常经营的重要物资，也要严密监视，加强管理。

2.ABC分类管理

（1）A类物资

①定期订购、盘点和查看。

②一次购买量不要多，经常进货，用完再买。

③控制、减少每次发货的数量。

④与用户密切联系，掌握生产或经营动态与需求时间，避免过早进货积压资金。

⑤严密监视库存量变化，采取各种措施防止缺货。

（2）C类物资

①该类物资品种多，占用资金少，可以增加安全库存，减少订购次数，借以节约订购费用。

②采用双仓法，简化管理手续。

③对积压物资，除有特殊作用须保留的物资外，应清仓处理。

（3）B类物资

该类物资介于A类和C类物资之间，采用常规管理法。

ABC库存管理法对占资金主要部分的A类物资进行重点控制管理，有利于节约库存积压资金；对C类物资简单管理，有利于减轻库存管理人员的工作量。这种库存管理法在节约成本的同时保证了各种库存的供应，也保证了生产经营活动的正常进行。

关键点提示

ABC库存管理法的分类过程：

1.收集数据；2.计算各种物资供应金额；3.按供应金额排序；4.计算供应金额的累计百分比并分类；5.考虑各种物资的单价和重要性等因素。

第3章

出入库业务常见问题

出入库业务是仓储管理工作中的两项重要工作内容。入库是仓储工作的第一步，标志着仓储工作的正式开始。入库业务的工作内容主要包括货物的入库准备、入库手续、检验、理货以及对搬运装卸合理化的管理。出库业务标志着整个仓储工作的结束。企业需要严格按照出库业务的程序出库，严格遵守出库的各项规定，正确处理出库业务中的各种问题，降低出库成本，使出库业务的工作更高效、准确。出入库业务水平的高低直接影响整个仓储作业的效率与效益，进而影响到企业的客户服务水平。因此，提高出入库业务的管理水平十分重要。

3.1　如何做好货物入库准备

工作场景描述

当想要完善货物入库准备工作时，可查看。

解读与分析

仓库管理人员应根据仓储合同或入库单，及时安排库场准备，以便货物按时入库，保证入库工作的顺利进行。仓储管理人员应定期同货主、生产厂家以及运输部门联系，了解将要入库的货物情况，如货物的品种、类别、数量和到库时间等，提前做好货物入库准备工作。

1.熟悉入库货物

仓库管理人员一定要认真查阅入库货物资料，必要时可向货主咨询，及时掌握入库货物的品种、规格、数量、包装状态、单件体积、到库确切时间、货物存放期、货物的理化特性以及保管的特殊要求等。仓库管理人员只有了解了以上内容，才能准确、妥善地安排库场。

2.掌握仓库库场情况

仓库管理人员了解货物入库与保管期间仓库的库容、设备和人员变动情况，以便安排工作。必要时对仓库清查、整理、归位，以便腾出仓容。对于必须使用重型设备操作的货物，一定要留出可使用设备的货位。

3.制订仓储计划

仓库业务部门要根据货物、仓库以及设备情况，制订仓储计划，并将任务下达到各相应的作业单位、管理部门。

4.妥善安排货位

仓库管理人员根据入库货物的性能、数量和类别，并结合仓库分区、分类保管的要求，核算货位大小。根据货位使用原则，妥善安排货位及验收场地，确定堆垛方法、苫垫方案等。

5.合理组织人力

仓库管理人员根据货物入库的数量和时间，安排好货物验收人员、搬运堆码人员，制订好货物入库工作流程，确定各个工作环节所需的人员和设备。

6.做好货位准备

仓库保管人员应及时准备货位，彻底清洁货位，清除残留物，清理排水管道，必要时要消毒除虫、铺地。此外，还要详细检查照明、通风等设备，发现损坏及时修理。

7.准备苫垫材料、作业用具

货物入库前，根据所确定的苫垫方案，仓库管理人员应准备相应的材料，并组织苫垫的铺设作业。要妥善准备好作业所需的用具，以便随时使用。

8.验收准备

仓库理货人员根据货物情况和仓库管理制度，确定验收方法。准备好验收时点数、称量、测试、开（装）箱、丈量以及移动照明等各项工作所需的工具。

9.装卸搬运方式的确定

仓库保管人员应根据货物、货位、设备条件和人员等情况，合理科学地确定卸车搬运方式，保证作业效率。

10.文件单证准备

仓库保管人员应准备好货物入库所需的各种报表、单证和记录簿，如入库记录、理货检验单、料卡和残损单等，以便使用。

关键点提示

入库准备工作包括以下环节：

1.熟悉入库货物；2.掌握仓库库场情况；3.制订仓储计划；4.妥善安排货位；5.合理组织人力；6.做好货位准备；7.准备苫垫材料、作业用具；8.验收准备；9.装卸搬运方式的确定；10.文件单证准备。

3.2　如何进行货物入库验收

工作场景描述

当想要全面掌握货物入库验收的工作程序时，可查看。

解读与分析

所有到库货物，必须在入库前进行验收，只有验收合格后方可正式入库。货物入库检验工作，包括验收准备、核对验收单证、确定验收比例和实物验收四个工作环节。

1.验收准备

验收准备是货物入库验收的第一道程序，包括货位、验收设备和工具及人员的准备，具体如下。

（1）收集、整理并熟悉各项验收凭证、资料和有关验收要求。

（2）准备所需的计量器具、卡量工具和检测仪器仪表等。

（3）落实入库货物的存放地点，选择合理的堆码垛型和保管方法。

（4）准备所需的苫垫堆码物料、装卸机械、操作器具和配备验收作业的人员。如为特殊性货物，还须配备相应的防护用品，采取必要的应急防范措施，以防万一。

（5）进口单位或存货单位要求对货物进行质量检验时，要预先通知相关部门到库检验或质量检测。

2.核对验收单证

核对单证按下列三个方面进行。

（1）审核验收依据，包括业务主管部门或货主提供的入库通知单、订货合同和协议书等。

（2）核对供货单位提供的验收凭证，包括质量保证书、装箱单、磅码单、说明书、保修卡及合格证等资料。

（3）核对承运单位提供的运输单证，包括提货通知单和货物残损情况的货运记录、普通记录和公路运输交接单等。在整理、核实、查对以上单证时，相关人员如果发现证件不齐或不符等情况，要与货主、供货单位、承运单位和有关业务部门及时联系，寻求解决。

入库货物必须具备下列凭证：入库通知单和订货合同副本；供货单位提供的材质证明书、装箱单、磅码单、发货明细表等；货物承运单位提供的运单。若货物在入库前发现残损情况，还要有承运部门提供的货运记录或普通记录，作为向责任方交涉的依据。

核对凭证就是将上述凭证加以整理、全面核对。入库通知单、订货合同要与供货单位提供的所有凭证逐一核对，相符后才可以进行下一步的检验工作。

3.确定验收比例

验收比例应首先以合同规定为准。合同没有规定时，确定抽验的比例一般应考虑以下因素。

（1）货物价值。货物价值高的，抽验比例大。有些价值特别大的货物应全验。

（2）货物性质。货物性质不稳定或质量易变化的，验收比例大。

（3）气候条件。在雨季或梅雨季节，怕潮货物抽验比例大；在冬季，怕冻货物抽验比例大。

（4）运输方式和运输工具。对采用容易影响货物质量的运输方式和运输工具运送的货物，抽验比例大。

（5）厂商信誉。信誉好的厂商货物抽验比例小。

（6）生产技术。生产技术水平高或流水线生产的货物，产品质量较稳定，抽验比例小。

（7）储存时间。储存时间长的货物，抽验比例大。

4.实物验收

实物验收是物资验收业务管理的核心。相关人员核对资料、证件，确定无误后，应尽快验收实物。仓库一般负责物资外观质量和数量的验收。对于需要进行内在质量和性能检验的货物，仓库应积极配合检验部门。

关键点提示

货物入库验收工作程序如下：

1.验收准备；2.核对验收单证；3.确定验收比例；4.实物验收。

3.3　如何进行实物验收

工作场景描述

当在入库检验工作中想要准确对入库货物进行实物检验时，可查看。

解读与分析

实物验收，包括对内在质量、外观质量、数量、重量和精度的验收。当货物入库交接完成后，应将货物置于待检区域，以便仓库管理人员及时验收。

1.外观质量验收

外观质量验收，主要采用看、听、摸和嗅等各种感官检验方法。外观质量验收的内容，包括外观包装是否完好，查看是否存在质量缺陷、受损、受潮、霉变和锈蚀等情况。

2.数量验收

（1）点件法。对货物逐件清点，一般适用于散装或非定量包装的货物。

（2）抽验法。按一定比例开箱点件，适合批量大、定量包装的货物。

（3）检斤换算法。通过重量过磅换算该货物的数量，适合货物标准和包装标准的情况。

3.重量验收

（1）检斤验收法。

适合非定量包装的、无码单的货物。其计算公式为：

$$实际磅差率=\frac{实收重量-应收重量}{应收重量}\times 100\%$$

索赔重量=应收重量–实收重量

商品的重量一般有毛重、皮重和净重之分。毛重是指货物包括包装重量在内的实重；皮重主要指包装重量；净重是指货物本身的重量，即毛重减去皮重的余数。我们通常所说的货物重量，是指货物的净重。重量验收是否合格，是根据验收的磅差率与允许磅差率的比较判断的。若验收的磅差率未超出允许的磅差率范围，说明该批货物合格；若验收的磅差率超出允许的磅差率范围，说明该批商品不合格。

（2）抄码复衡抽验法。

适用于定量包装并附有码单的货物。其计算公式如下：

$$\text{抽验磅差率}=\frac{\sum\text{抽验重量}-\sum\text{抄码重量}}{\sum\text{抄码重量}}\times 100\%$$

索赔重量=抽验磅差率×应收总重量

（3）平均皮重法。

平均皮重法是计算皮重的一种方法。其具体做法是在包装材料和包装规格比较整齐统一的情况下，从中抽出若干件货物包装求出平均皮重，然后乘以货物的总件数，便可得出这批货物的总皮重。

（4）除皮核实法。

核对结果未超过允许差率，即可依其数值计算净重。

（5）重量分析法。

重量分析法是通过称量物质的质量来确定被测物质含量的一种分析方法。分析时，一般是先采用适当方法将被测组分从试样中分离出来，转化为一定的称量形式并称重。重量分析法一般包括沉淀法、汽化法、电解法及萃取法。

（6）理论换算法。

此方法适合定尺长度的金属材料、塑料管材等。

常见的钢材理论换算公式如下：

$$\text{圆钢单位长度重量（kg / mm）}=6.1654\text{kg / mm}^3\times d^2$$

式中，d为直径（mm）。

$$\text{钢管单位长度重量（kg / mm）}=24.66\text{kg / mm}^3\times S\times（D-S）$$

式中，D为外径（mm），S为壁厚（mm）。

$$方钢单位长度重量（kg/mm）=7.85kg/mm^3\times a^2$$

式中，a为边宽（mm）。

$$扁钢单位长度重量（kg/mm）=7.85kg/mm^3\times a\times b$$

式中，a、b为边宽（mm）。

$$钢板单位面积重量（kg/mm/mm^2）=7.85kg/mm^3\times d$$

式中，d为厚度（mm）。

（7）整车复衡法。

适合散装的块状、粒状或粉状的商品。

4.精度验收

精度验收包括仪器仪表精度和金属材料尺寸精度检验两个方面。

关键点提示

实物验收的内容包括：

1.外观质量验收；2.数量验收；3.重量验收；4.精度验收。

3.4　如何处理货物验收中出现的问题

工作场景描述

当需要对验收货物过程中出现的各种问题进行处理时，可查看。

解读与分析

货物验收过程中会出现一些问题，如证件不齐、数量短缺、质量不符合要求等。下面介绍对这些问题的处理方法。

1.数量短缺

短缺数量在磅差允许范围内的，可按原数入账，凡超过规定磅差范围的，应查对核实，将验收记录和磅码单交业务主管部门会同货主向供货单位办理交涉。凡实际数量多于原发料量的，可由业务主管部门向供货单位退回多发数量，或补发货款。

2.质量不符合要求

相关人员验收货物时，一定要严把质量关。对于不符合质量要求的货物，相关人员一定要进行退换，绝不能入库，要做到入库的货物无任何质量问题。

3.证件不齐全

该类到库货物应作为待检货物处理，堆放在待验区，待证件齐全后再验收。证件未齐全之前，不能验收，不能入库，更不能发料。

4.单证不符

供货单位提供的质量合格证书与入库单、相关合同不符时，货物作为待处理，不得动用。

5.货物未按时到库

有关证件已到库，但货物未在规定的时间内到库，相关人员应及时向货主查询。

6.价格不符

业务主管部门应按合同规定价格承付，对多收部分应予拒付。如果是总额计算错误，应通知货主及时更改。

7.货物入库前已有残损短缺

有商务记录或普通记录等证件者，可按照实际情况查对证件记录是否准确。在记录范围内者，按实际验收情况填写验收记录；在记录范围以外或无运输部门记录时，应查明责任。其残损情况可从外观上判断，但在接运时未发现而造成无法追赔损失时，应由仓库接运部门承担责任；外观良好，内部残缺时，应做出验收记录，与供货方交涉处理。

8.发错货

相关人员如发现无进货合同、无任何进货依据，但运输单据上却标明本库为收货人的货物，仓库收货后应及时查找该货的发货部门，并主动与发货人联系，询问该货的来龙去脉，并将其作为待处理货物，不得动用。依其现状做好记录，待查清后处理。

9.对外索赔

对需要对外索赔的货物，应由商检局检验出证。对经检验提出退货、换货出证的应妥善保管，保留好货物原包装，供商检局复验。

对进口物资经验收后发现其规格、数量等不符合合同规定，如属供货方责任的，应在规定索赔期内向外商提出索赔。国际上规定：材料、燃料等对外索赔期为10天，一般五金钢材、机器、仪器等为90天，化工产品为60天，成套设备和大型机械设备等为1年，对外提出索赔需要有商检局的证明及验收报告、对外贸易合同、国外发货票、装箱单、质量证明书及运单等。在索赔期内应妥善保管物资，以备商检局或供货方复验。

对国内供应的物资在验收中发现其数量、产品质量不符合合同规定时，如属运输部门责任，应填制索赔单，随同运输部门的商务记录，交由运输部门处理；如属供货单位责任，应先查询后处理。

关键点提示

货物验收中出现的问题包括：

1.数量短缺；2.质量不符合要求；3.证件不齐全；4.单证不符；5.货物未按时到库；6.价格不符；7.货物入库前已有残损短缺；8.发错货；9.对外索赔。

3.5　如何办理入库手续

工作场景描述

当货物需要办理入库手续时，可查看。

解读与分析

对于验收合格的物资，由仓库验收人员整理有关资料证书，交给保管机构，并做出交代后，方可正式入库保管。物资一经验收入库，必须办理登账、立卡、建档等一系列入库手续。

1.登账

货物入库登账，要建立详细反映库存货物进出和结存的保管明细账，来记录库存动态，并为对账提供主要依据。登账应遵循以下规则。

（1）必须以正式、合法的凭证为依据，如入库单、出库单等。

（2）一律使用蓝、黑色水笔登账，用红色水笔冲账。当发现登账错误时，不得刮擦、挖补、涂抹或用修正液更改字迹，应在错处画一红线，表示注销，然后在其上方填上正确的文字或数字，并在更改处加盖更改者的印章，红线画过后的原来字迹必须仍可辨认。

（3）记账时，其数字书写应占空格的三分之二空间，便于改错。

（4）记账应连续、完整，依日期顺序，不能隔行、跳页，账页应依次编号，年末结存后转入新账，旧账页应入档妥善保管。

登记账卡前，相关人员首先要认真审查凭证，记好日期、凭证编号，摘要栏要尽量简明扼要，认真填写；在转次页时，应在账页最后一行的摘要栏内注明转次页，并依次结出本月收、支、存数，在次页第一行摘要栏内注明承前页，并记录上页结出的收、支、存数。保管账可采用专职管理人员负责建立管理总账和保管人员一人一账的方法。不论采取哪种管理方法，均应做到每天登账，经常查对，保证账账相符、账卡相符、账物相符。

2.立卡

每次物资入库码垛时，即应按入库单所列内容填写卡片，发货时应按出库凭证随发随销货卡上的数字，以防事后漏记。卡片式样根据物资存放地点的不同而不同：存放在库房的物资一般挂纸卡或塑料卡；存放在露天的物资，为防止卡片丢失或损坏，通常将卡片装在塑料袋或放在特制的盒子里，再挂在垛位上，也可将数字用油漆写在铁牌上。

3.建档

建立货物档案的要求如下。

（1）货物档案应一物一档。存档资料包括以下几点。

①货物出厂时的各种凭证和技术资料，如货物技术证明、合格证、装箱单和发货明细表等。

②货物运输单据、普通记录或货运记录、公路运输交接单等。

③货物验收的入库通知单、验收记录、磅码单和技术检验报告。

④货物入库保管期间的检查、保养、损溢和变动等情况的记录。

⑤库内外温度、湿度记载及对货物的影响情况。

⑥货物出库凭证。

（2）货物档案应统一编号，妥善保管。货物档案部分资料的保管期限，根据实际情况酌定。其中，有些资料如库区气候资料、货物储存保管的试验资料，应长期保留。

关键点提示

货物办理入库手续包括：

1.登账；2.立卡；3.建档。

3.6　如何进行货物出库

工作场景描述

当需要进行货物出库时，可查看。

解读与分析

为保证货物能够快速、准确、保质保量地出库，一定要严格遵守出库作业的一般程序。具体程序如下。

1.出库准备

仓库应根据凭证要求，做好如下准备工作。

（1）选择好发货的货区、货位。

（2）检查出库货物，拆除货垛苫盖物。

（3）安排好出库货物的堆放场地。

（4）安排好人力和机械设备。

（5）准备好包装材料。

2.审核出库凭证

出库凭证（如提货单、领料单等）到达仓库后，仓库管理人员要对出库凭证的以下内容进行审核。

（1）审核货主开出的提货单的合法性和真实性。

（2）核对货物的品名、型号、规格、单价和数量。

（3）核对收货单位、到站、开户银行和账号是否齐全与正确。

3.备货

备货时应注意以下事项。

（1）按出库凭证所列的项目和数量备货，不得随意变更。

（2）备货计量一般根据货物入库验收单上的数量，不用再重新过磅，对被拆散、零星货物的备货应重新过磅。

（3）备好的货物应放于相应的区域，等待出库。

（4）待出库货物应附有质量说明书或其抄件、磅码单和装箱单等附件。

4.复核

为避免出库货物出错，备料后应复核。复核的主要内容如下。

（1）货物名称、规格、型号、批次、数量和单价等项目是否同出库凭证所列的内容一致。

（2）机械设备的配件是否齐全，所附证件是否齐全。

（3）外观质量、包装是否完好。

复核的主要方式有三种：由多名保管人员交叉复核、由专职复核人员复核、由运输人员或包装人员复核，不同企业可根据自己的管理模式选择相应的复核方式。

5.包装

为保证货物在装卸搬运途中不受损坏，货物的包装一定要做到以下两点。

（1）根据货物的外形特点，选择适宜的包装材料，包装尺寸要便于货物的装卸和搬运。

（2）货物包装要符合运输要求。

①包装应牢固，怕潮的货物应垫一层防潮纸，易碎的货物应垫软质衬垫物。

②包装外要有明显的标志，标明对装卸搬运的要求及其他标志。危险品必须严格按规定包装，并在包装外部标明危险品的有关标志。利用旧包装时，应彻底清除原有标识，以免造成标识混乱，产生差错。

③不同运价的货物应尽量不包装在一起，以免增加运输成本。

（3）严禁将性能相抵触、互相影响的商品混合包装。

（4）包装的容器应与被包装货物体积相适应。

（5）节约使用包装材料，注意节约代用，修旧利废。

6.刷唛

包装完毕后，应在包装上写明收货单位、到站、发货号、本批货物的总包装件数和发货单位等信息，并在相应的位置印刷或粘贴条码标签。

7.清点交接

出库货物经复核、包装后，要向提货人员点交。点交的注意事项有以下三点。

（1）将出库货物及随行证件向提货人员当面点交。

（2）将重要货物的技术要求、使用方法和注意事项交代清楚。

（3）货物移交清楚后，提货人员应在出库凭证上签名，保管人员应做好出库记录。

8.清理

货物出库后，要对仓库进行清理，具体工作主要有以下几点。

（1）清理现场，根据储存规划要求，对货物并垛、挪位，腾出新货位，以备新来货物使用。

（2）清扫发货现场，保持清洁整齐。

（3）清查发货设备和工具有无丢失、损坏。

（4）商品发货完毕，要整理商品出入库、保管保养及盈亏数据等情况，然后相关人员记入档案，妥善保管，以备查用。

关键点提示

货物出库的主要程序如下：

1.出库准备；2.审核出库凭证；3.备货；4.复核；5.包装；6.刷唛；7.清点交接；8.清理。

3.7 如何进行拣货作业

工作场景描述

当需要拣选出库的货物时，可查看。

解读与分析

拣货作业是指按照订单要求准确地拣选客户所需货物。为保证货物能够迅速、准确地出库，通常按以下程序拣货。

1.确定拣货方式

拣货方式通常有摘果式和播种式两种，应根据出库货物的性质选择合适的拣货方式。

（1）摘果式。所谓摘果式，是指将一定时间段内的多张订单依照货物种类、数量等数据汇总，然后利用人工按货物进行拣选，再根据每张客户订单进行分货处理的过程。以下情况一般采用摘果式拣货。

①订单大小差异较大，数量变化频繁，尤其是季节性较强的货物。

②货物外形体积变化、差异较大，如化妆品、家具、百货、电器及高级服饰等。

（2）播种式。所谓播种式，是指以订单为单位，每张订单拣货一次的拣货方式。以下情况一般采用播种式拣货。

①自动化、系统化程度较高的库房。

②订单变化较小、数量稳定的配送中心。

③货物外形较规则、固定。

货物出货的每种拣货方式都有优点与缺点，选择时要综合评价再做决定。

2.制作拣货清单

根据选择的拣货方式不同，形成不同的拣货清单。

（1）摘果式。相关人员将多张订单集合成一批，按照商品的品种类别把多张订单上的货物进行加总，形成拣货清单。

（2）播种式。根据每份订单形成一份拣货清单。

3.安排拣货路线

根据拣货清单上的货物储位安排拣货路线，基本原则为使拣货人员行走最近的路线。

4.分派拣货人员进行拣货作业

拣货人员根据拣货清单，按照事先规划好的拣货路线巡回于仓库中，按照拣货清单所列货物及数量，把货物逐一从仓库储位或其他作业区中取出放在托盘或其他容器上，然后集中在一起，与出货单一同放在指定位置，由出货验收人员检查。

关键点提示

拣货作业的程序包括：

1.确定拣货方式；2.制作拣货清单；3.安排拣货路线；4.分派拣货人员进行拣货作业。

3.8 如何确定拣货效率分析指标

工作场景描述

当需要确定库房拣货效率分析指标时，可查看。

解读与分析

拣货作业的效率直接影响着整个物流中心的配货效率，因此要不断地对拣货效率进行分析评价，使其不断提高。通常采用以下六个指标，对拣货效率进行分析评价。

1.拣货人员

对拣货人员作业效率的评价指标如下：

（1）每人时平均拣取能力：

$$每人时拣取品项数=\frac{拣货单笔数}{拣取人数\times每日拣货时数\times工作天数}$$

$$每人时拣取次数=\frac{拣货单位累计总件数}{拣取人数\times每日拣货时数\times工作天数}$$

（2）拣取能力：

$$拣取能力=\frac{订单笔数}{拣取人数\times每日拣货时数\times工作天数}$$

（3）拣货责任品项数：

$$拣货责任品项数=\frac{总品项数}{分区拣取区域数}$$

拣货责任品项数数值越大，表示每位拣货人员负责的品项越多，必然会影响分拣效率。为提高效率，应尽量减少责任品项数。

（4）拣取品项移动距离：

$$拣取品项移动距离=\frac{拣货行走距离}{订单总笔数}$$

拣取品项移动距离是用来研究拣货规划是否符合动作效率，并可检查拣货区布置是否合理。该指标太高，表示工作人员在拣货中耗费了太多的时间和体力，影响整体效率。

2.拣货设备

拣货设备的优劣，直接影响拣货效率，可用如下指标分析拣货设备的优劣，评估投资的合理化程度和效率大小。

（1）拣货人员装备率，代表设备的投资程度。

$$拣货人员装备率=\frac{拣货设备成本}{拣货人员数}\times100\%$$

（2）拣货设备投入与产出，表示已投入设备的拣货效率。

$$拣货设备投入与产出=\frac{发货品金额数}{拣货设备成本}$$

（3）每人时拣货金额数。

$$每人时拣货金额数=\frac{发出品金额数}{拣取人数\times 每日拣货时间\times 工作天数}$$

3.拣货策略

拣货策略是否合理，对于拣货人员拣货效率影响很大，通常采用以下指标来分析拣货策略：

$$每批量包含订单数=\frac{订单数量}{拣货分批次数}$$

$$每批量包含品项数=\frac{订单总笔数}{拣货分批次数}$$

$$每批量处理次数=\frac{发货箱数}{拣货分批次数}$$

$$每批量拣取体积数=\frac{发货品体积数}{拣货分批次数}$$

$$批量拣货时间=\frac{拣货人数\times 每日拣货时间\times 工作天数}{拣货分批次数}$$

4.拣货时间

拣货时间的长短，可以反映拣货人员拣货能力的强弱，从而影响拣货效率，具体评价指标如下：

$$单位时间处理订单数=\frac{订货数量}{每日拣货时数\times 工作天数}$$

$$单位时间拣取品项数=\frac{订单数量\times 每日订单平均品项数}{每日拣货时数\times 工作天数}$$

$$单位时间处理次数=\frac{拣货单位累计总件数}{每日拣货时数\times工作天数}$$

$$单位时间拣取体积数=\frac{发货品体积数}{每日拣货时数\times工作天数}$$

5.拣货成本

拣货成本在物流成本中占有很大比例，因此要特别重视降低拣货成本问题。具体研究这些成本，应采用如下指标来评判分析：

$$每订单投入拣货成本=\frac{拣货投入成本}{订单数量}$$

$$每订单笔数投入拣货成本=\frac{拣货投入成本}{订单总数量}$$

$$每拣货单位投入拣货成本=\frac{拣货投入成本}{拣货单位累计总件数}$$

$$单位体积投入拣货成本=\frac{拣货投入成本}{发货品体积数}$$

6.拣货质量

拣货质量主要是指拣货的准确度，若拣货人员拣货质量差，将会对后续工作造成不良影响。可采用以下指标对拣货质量进行分析：

$$拣货差错率=\frac{拣取错误笔数}{订单总笔数}\times100\%$$

关键点提示

拣货效率分析指标包括：

1.拣货人员；2.拣货设备；3.拣货策略；4.拣货时间；5.拣货成本；6.拣货质量。

3.9　如何做到货物装卸搬运的合理化

> 工作场景描述
>
> 当想要做到合理化装卸搬运货物时，可查看。

解读与分析

装卸搬运作业是仓储作业中投入劳动量最大、容易造成货物残损高发的重点环节。通过以下措施，可以做到装卸搬运的合理化。

1.减少装卸搬运次数

（1）准确掌握仓储物品的流通动向，根据仓储协议制订货物流通计划，合理选择仓位，必要时采用分点存放的方式。

（2）防止压堵出库货物，避免货物在仓库内倒仓。

（3）合理组织各项物流活动，排除重复装卸搬运。

2.采用托盘化、集成化等成组作业

相关人员将货物码放在托盘上，然后连同托盘一起装卸搬运。如能连同托盘一起出库，将会使货物的装卸搬运效率大大提高。此外，还可采用其他器材，如绳网、货箱或其他较大容器成组集成，这也会大大提高装卸搬运效率。

3.使装卸搬运移动距离最近

（1）尽可能使运载车辆、搬运工具接近货物存放的位置，或尽量使车辆进入装卸作业区。

（2）使装卸作业设备能够直接进入作业区的位置，尽可能减少完全采用人力的水平搬运。

4.省力化作业

（1）充分利用重力

从卡车、铁路货车上卸物时，利用卡车与地面或小搬运车之间的高度差，采用滑

板、溜槽等工具，依靠货物自身的重力自上向下作业。

（2）减少重力影响

①装卸时尽量配合简单的机具，避免重物提升作业，从而减少重力的影响，也能减少体力的消耗，达到省力的目的。

②在出库作业区建造与车厢高度相同的车辆作业平台。

5.使装卸搬运作业衔接流畅

相关人员应尽量避免将货物先卸下，堆放在地面，然后再装上车的这种将装卸和搬运脱节的现象发生。

6.提高货物的灵活性指数

货物装卸搬运过程中，相关人员应避免把货物散落在地面上，尽可能不要把货物码放在托盘上、送货小车上，或装载到台车上，最好直接码放在传送带上，这样可以提高货物装卸搬运的灵活性指数和下一道工序的完成效率。

装卸搬运的灵活性指数是指对不同放置状态的货物的灵活性描述，分为0～4共5个等级。货物装卸搬运的灵活性指数越高，其下一道工序越容易完成，装卸搬运的效率就越高；灵活性指数越低，下一道工序越不容易完成，装卸搬运的效率就越低。

装卸搬运的灵活性指数

编号	物品码放状态	灵活性指数
1	零散放在地面上	0
2	放入箱内	1
3	码放到托盘、送货小车上	2
4	装载到台车上	3
5	码放到传送带上	4

关键点提示

货物装卸搬运合理化的措施有：

1.减少装卸搬运次数；2.采用托盘化、集成化等成组作业；3.使装卸搬运移动距离最近；4.省力化作业；5.使装卸搬运作业衔接流畅；6.提高货物的灵活性指数。

3.10　如何进行出库货物数量的检验

工作场景描述

当需要对出库货物的数量进行检验时，可查看。

解读与分析

为确保出库货物准确无误，对出库货物数量进行检验是十分必要的。通过如下方法，可以检验出库货物的数量。

1.货物条形码检验法

这种方法是作业人员用条形码扫描器读取条形码内容，并把扫描的数据导入计算机，计算机可以自动把扫描信息与发货单信息进行对比，从而检查出货物数量和号码是否有误。

条形码由一些规则排列的条、空和相应的数字组成，是可以供机器识读的数据编码。目前使用频率最高的条形码是EAN、UPC、39码、交叉25码和EAN128码。条形码主要有以下优点。

（1）可靠、准确。

（2）数据输入速度快。

（3）经济便宜。

（4）灵活、实用。

（5）自由度大。

（6）设备简单。

2.声音输入检查法

作业人员读出货物名称、代码和数量后，计算机接收声音并自动判断，然后转变成资料信息再与发货单信息进行对比，从而判断是否有误。

3.重量计算检验法

这种方法是把发货单上的货物重量相加，然后称出货物的总重量，对比两种重量，检查发货是否准确。

关键点提示

检验出库货物数量的方法有：

1.货物条形码检验法；2.声音输入检验法；3.重量计算检验法。

3.11 如何处理货物出库凭证问题

工作场景描述

当货物出库凭证遇到问题时，可查看。

解读与分析

货物出库凭证作为货物出库的依据，如果出现问题将影响货物的准时、准确出库。下面详述了处理出库凭证遇到的各种问题的解决方案。

1.出库凭证假冒、复制、涂改

相关人员如果发现出库凭证有假冒、复制、涂改等情况时，应及时与仓库保卫部门以及相关领导联系。

2.出库凭证上规格开错或印鉴不符

（1）如果发现出库凭证上规格开错或印鉴不符时，保管人员不得调换规格发货，必须通过制票人员开票方可重新发货。

（2）严禁无凭证、电话、口授发货，任何白条子都不能作为发货凭证。

（3）任何人都不能借用、试用库存货物。

3.出库凭证超过提货期限

当出库凭证超过提货期限，客户前来提货，必须先办理相关手续。按规定缴足逾期的仓储保管费后，相关人员才可以发货。

4.商品进库时未验收，或者期货未进库

当遇到货物进库时未验收，或者期货还没进库的出库凭证时，相关人员一般应暂缓发货，并通知货主，等验收后或货物到达后才能发货。

5.出库凭证遗失

如果客户因各种原因遗失出库凭证，他应及时与仓库发货人员和账务人员联系挂失。如果挂失时货物已被提走，保管人员不承担责任，但要协助客户报案，尽量帮助货主单位找回货物；如果货物还没被提走，保管人员和账务人员查实后，做好挂失登记，将原凭证作废，缓期发货。

关键点提示

货物出库凭证问题的处理：

1.出库凭证假冒、复制、涂改：应及时报告；2.出库凭证上规格开错或印鉴不符：重新开票方可发货；3.出库凭证超过提货期限：缴足费用后方可出库；4.货物进库时未验收，或者期货未进库：货物到货验收后方可发货；5.出库凭证遗失：挂失后缓期发货。

3.12　如何处理货物出库中的问题

工作场景描述

当货物出库中出现问题时，可查看。

解读与分析

货物在出库的过程中可能会产生很多问题，正确处理这些问题，可以挽回企业和客户的损失。针对各种不同的问题，企业应该采取相应的处理方法。

1.提货数与实际数不符

当遇到提货数量大于货物实际库存数量时，无论是何种原因造成的，相关人员都需要和仓库主管部门以及货主单位及时取得联系后进行处理。具体处理方式如下。

（1）如果属于入库时记错账，可以采用“报出报入”的方法调整。

（2）如果属于仓库保管人员串发、错发而引起的问题，应由仓库部门负责解决库存数与提单数间的差数。

（3）如果属于货主单位漏记账而多开出库数，应由货主单位出具新的提货单，重新组织提货和发货。

（4）如果是仓储过程中的损耗，须考虑该损耗数量是否在合理的范围内，并与货主单位协商解决。对于合理范围内的损耗，应由货主单位承担；超过合理范围内的损耗，则由仓储部门负责赔偿。

2.串发货与错发货

串发货和错发货，主要是指发货人员对货物种类规格不熟悉，或者由于工作疏漏，把一定规格、数量的货物错发出库的情况。

在这种情况下，如果货物尚未离库，应立即组织重新发货；如果货物已经提出仓库，保管人员要根据实际库存情况，会同货主单位和运输单位共同协商解决。一般在无经济损失的情况下，应由货主单位重新按实际发货数冲单解决；如果造成直接的经济损失，应按赔偿损失单据冲转调整保管账。

3.退货处理

货物出库后，如果因出库时发生差错而造成货物退货，仓库要对这部分货物妥善处理，才能成功维护企业形象，最大限度地挽回损失。退货一般按照以下程序进行。

（1）客户填写“退货申请表”，企业收到同意退货的通知后，须按规定的运输方式办理。

（2）仓库收到客户的退货时，应尽快将货物清点完毕，如有异议，必须以书面形式提出。

（3）退回的货品与退货申请表是否相符，以仓库清点为准。

（4）仓库应将退入仓库的货物，根据退货原因，分别进行存放、标识。对属于供应商原因造成的不合格品，应与采购部门联系，催促供应商及时收回。

（5）登记入账。对于已发放和退回的货物，要及时入账，并按时向其他部门报送有关材料。

关键点提示

货物出库时可能产生的问题：

1.提货数与实际数不符；2.串发货与错发货；3.退货处理。

第4章

物料保养常见问题

物料保养是防止货物变质的重要措施，是仓储管理中一项经常性的工作。仓库中储存的各种货物，有着不同的特性。物料保养工作就是针对物料的不同特性，积极地创造适宜的储存条件，采取适当的措施，以保障物料储存的安全以及物料的质量和品质，达到减少物料损耗，节约费用开支的目的，从而为企业创造经济效益和社会效益。

4.1 如何控制仓库的温度和湿度

工作场景描述

当需要对仓库的温度和湿度进行严格控制时，可查看。

解读与分析

货物在仓库储存时的各种变质现象，几乎都与空气的温度、湿度有密切关系。因此，控制好仓库的温度、湿度就成为物料保养的中心环节。实践证明，通过以下措施可以有效地控制与调节仓库的温度和湿度。

1.通风

（1）通风方法。

①自然通风。空气的交换主要靠风的压力。当库外无风时，应开启库房上部和下部的通风口与窗户；当库外有风时，应关闭库房迎风面上部出气口，开启背风面上部出气口。为了提高通风效果，可以更合理地安排门窗开启的顺序。

②机械通风。它是利用机械产生的推压力或吸引力，使库内外空气形成压力差，从而迫使库内外空气发生流动和置换的方法。常用的通风机械是轴流式局部扇风机和离心式通风机。整个通风系统除风机之外，还有通风管道和其他附属器件。

（2）通风时机。

正确的通风时机应当根据货物性质的要求，分析库内外温度、湿度的实际情况和变化趋势，并参考风向、风力因素，有计划并在恰当的时机进行。

①通风降温。只要库外温度低于库内时，就可以进行通风降温。

②通风散潮。这要根据库内外温度、绝对湿度、相对湿度的对比结果，在正确判断的基础上决定是否通风。由于货物的吸湿性主要与相对湿度有关，在一定的湿度下，相对湿度的变化是由绝对湿度决定的。绝对湿度是指单位体积空气中实际所含水蒸气的质量；相对湿度是指在一定的气压、气温条件下，空气中的绝对湿度与同条件下饱和湿度的比率。

因此，利用通风措施降低库内相对湿度时，必须以绝对湿度为依据对比库内外情况。当库外绝对湿度低于库内时，才能通风。

2.密封

密封是尽可能把货物严密地封闭起来，以减少或阻止外界不良气候和不良因素对其造成的影响，达到防潮、防热、防霉变、防干裂、防冻、防融化、防锈蚀以及防虫等多种目的，保证货物安全储存。

（1）密封方法。

①整库密封。将库房整体密闭起来，适用于数量大、整进整出或进出不频繁的货物。

②按垛密闭。用密闭材料将货垛上下、四周整垛密闭起来。这种方式适用于存放在露天货场的易锈蚀货物。

③库内小室密闭。即在库内选择空气温度较低且干燥的适当地点，用透气性较低的材料围筑成临时性密闭小室。

④货架密闭。用密封材料将货架密闭起来，防止透气和落入灰尘。对于出入频繁、怕潮、易锈和易霉变的小件物品，可采用此种方式。

⑤按件密闭。其主要是将货物的包装严格地密闭，一般适用于数量少、体积小的易霉变、易生虫和易锈蚀的货物，如皮革制品、竹木制品、金属制品、乐器和仪表等。

（2）密封材料。

常用的密封材料有塑料薄膜、防潮纸、油毡纸和芦席等。密闭材料必须干燥清洁、无异味。

（3）密闭时期。

密闭时期要根据货物性质和当地气候变化规律来确定。

①怕潮、易霉变的货物应在梅雨季节到来之前密闭。

②怕热、易融化的货物应提前在阴凉的季节密闭。

③怕干裂的货物，应在干燥期到来之前密闭。

④怕冻的货物，应尽可能提前在气温较高时密闭。

密闭前应检查货物的质量、温度和含水量，密闭后要加强检查工作。为保护货物的安全，检查中若发现货物包装材料有异状或温度不适宜，要及时采取相应措施。

3.吸潮

吸潮是指用化学或物理方法，除去库内潮湿空气中的部分水分，以降低空气湿度。吸潮的主要方法是吸湿剂吸潮和去湿机吸潮。

（1）吸湿剂吸潮。即将吸湿剂暴露于空气中，利用它自身的吸湿性吸潮。适用于仓库吸湿的吸湿剂如下。

①生石灰。将生石灰捣成拳头大小的块状，盛装在木箱等容器中，一般占容量的1/3到1/2为宜，放置在垛底、沿墙四周或靠近库门处。

②氯化钙。将氯化钙放置在竹筛或木板上，下面放置陶瓷器皿，盛装漏下的溶液。

③硅胶。将硅胶用纱布或纸，包成小包放在密闭货架、柜内或包装物内。

（2）去湿机吸潮。即利用制冷装置，将潮湿空气冷却到零度以下，使水汽凝结成水，进而被排出去。

以上介绍的是仓库常用的几种温度、湿度的控制方法，它们可以同时使用、互相配合，以达到控制的最佳效果。

关键点提示

仓库温度、湿度的控制方法有：

1.通风；2.密封；3.吸潮。

4.2　如何防止金属制品锈蚀

工作场景描述

当想要防止金属制品锈蚀时，可查看。

解读与分析

金属制品的锈蚀，不仅破坏了外形，而且能够造成内部缺陷，使材料的使用价值受到影响，带来的经济损失是巨大的。仓储部门及时有效地防止或减缓金属制品的锈蚀是十分必要的，也是仓储物资养护的主要内容之一。防止金属制品锈蚀的方法有以下几种。

1.控制和改善储存条件

（1）选择适宜的保管场所。储存场所应尽可能选择远离有害气体和粉尘的厂房，远离酸、碱、盐类物质或气体，应该具有良好的排水系统。货场要用碎石或炉灰垫平，增强地表层的透水性，以保持库区的干燥。

（2）保持库房干燥。使库房的相对湿度维持在临界湿度（一般是70%左右）以下。对于较精密的五金工具、零件等金属制品，必须在库房储存，并禁止与化工商品或含水量较高的货物同库储存。

（3）保持货物及储存场所的清洁。

（4）妥善码垛和苫盖。不同的金属材料应采用不同的存放方法，将不同种类的金属材料存放于同一地点时，它们之间必须有一定的间距，码垛时应注意垫高垛底，保证垛下的通风良好。

（5）保护材料的防护层或包装要完整。如果包装损坏，应修复或更换；当包装受潮时，应对包装材料进行干燥处理；如果发现原涂有的防腐油已被破坏或干涸，应及时清洗，重新涂油。

（6）坚持定期进行质量检查，做好质量检查记录。

2.涂油防锈

在金属制品表面涂（或浸或喷）一层防锈油脂薄膜。

3.气相防锈

气相防锈是一种常用的防锈方法，主要种类如下。

（1）粉末法。即将气相防锈粉末撒在金属材料表面，或用器皿盛装后置于包装物内，或用纱布包好悬挂于金属材料四周。

（2）浸涂纸（布）法。这种方法也称载体法，即将气相缓蚀溶剂溶解于蒸馏水或有机溶剂中使之成为溶液，然后浸涂或刷涂在防锈纸或布上，干燥后即成为气相防锈纸或布，含量一般为5～30g/m^2。使用时，直接用它包装金属材料即可，然后在它的外面加石蜡纸和塑料袋包装。

（3）溶液法。用上述方法把防锈剂制成溶液，喷涂在金属材料表面，再用石蜡纸或塑料袋包装。

4.可剥塑性材料防锈

可剥塑性材料是一种以塑料为基体的防锈包装材料。将它涂抹覆于金属材料表面上形成膜状，这层析出的油膜将空气与金属隔开，并将金属密封起来，启封时无须借助溶剂而能用手轻易剥除。这种材料适用于钢、铁、铜、铝等金属，膜的韧性好，但价格昂贵。

5.涂漆防锈

在金属材料表面均匀地涂上一层油漆，是一种应用极其广泛的防锈方法。其优点是施工简单，适用面广；缺点是易开裂、脱落，因可从漆层空隙间透过湿气，往往在漆层底部产生金属锈蚀。

6.防锈水防锈

防锈水防锈也是应用比较广泛的一种防锈方法，但因防锈期限短，故多用于工序间防锈。

关键点提示

防止金属制品防锈的方法有：

1.控制和改善储存条件；2.涂油防锈；3.气相防锈；4.可剥塑性材料防锈；5.涂漆防锈；6.防锈水防锈。

4.3　如何保管金属材料

工作场景描述

当需要对金属材料进行保管时，可查看。

解读与分析

无论是选择保管场所，还是在存储的过程中，金属材料的保管都与其他货物有所不同。下面从保管场地的选择和码垛方法两方面介绍金属材料的保管。

1.保管场地的选择

（1）按照金属材料的性质来确定。金属材料通常在库房、料棚和露天三种场所存放。

①对于一般价值较高的贵重金属和小型精密配件、五金制品都应存放在库房中。而对于小型薄壁管材，冷、热轧钢板，矽钢片和小型优质钢材等材料，应存放在库房。如果条件不具备，也可将其存放在料棚中，但存放时一定要“下垫上苫”。

②对于镀锌铁板、马口铁、金属制品和小型钢丝绳等材料可存入料棚，如有条件，最好存放在库房中。

③对于大中型材料，如圆钢、方钢、六角钢、工字钢、槽钢（高300mm，腰厚10mm）及各种型号的钢轨等材料，因规格尺寸大，一般不会受天气影响，可以在露天场地“下垫上苫”存放。

（2）对于贵重、有特殊性能的金属及金属材料，要用专门的库房存放。易燃物品不能裸放，应远离火源，如高纯度的镁在空气中能自燃；锡锭的保管期在1个月以上的，应当选择不低于12℃的保温库房存放，因硅铁受潮会分解出有毒气体PH_3（磷化氢），遇碱产生氢气，有爆炸燃烧的危险，故选择库房时要特别注意。

2.码垛方法

（1）垛码的基本要求。

①垛形合理，牢固安全，整齐节省，定量方便。

②做到“五五化”。

③在库内码垛，如果地坪为水泥地质，对垛垫的高度不强求，只要便于搬运装卸即可；如果是普通的泥土地坪，则要求垛垫高度为0.2～0.3m。在露天码垛，无论是什么样的地坪，垛都应垫高0.3～0.4m。垛与垛、垛与墙或柱之间都应按防火要求留出必要的通道和安全距离。

④垛形高度无硬性规定，一般在露天场地码垛，垛高不超过3m；在库房或料棚内码垛，垛高不超过2m。

⑤垛形大小无硬性规定，但是在露天码垛，其垛形大小要便于苫盖。

⑥垛基由基墩和垫木组成。基墩和垫木的行间距，应当根据地坪的承载力大小

来定。

（2）垛的形状与码垛的方法。

①板材的码垛。在垛基和垫木按规定铺好之后，一层一层码上即可。为了计算方便，也为了便于机械码垛作业，可以按“五五化”两层之间错开一定的尺寸。

②各种管材的码垛。按其管径大小，码垛可以有不同的形状。最常见的大型管材用梅花式梯形垛和框架的梅花式方形垛、平行垛等形状。

③等边角钢五伏一仰码垛法。即底层在垫木上以成对三角钢，背靠背平放于垫木上，对与对之间留出相当于三角钢弦边长的空隙，然后在角对上面伏码一层，空距中间伏码两层，这样垛底正好垫平，然后按五伏一仰往上码。另外，等边角钢也可以用底层平扣码垛。这种方法是底层每两根三角钢为一对、一立和一扣组成矩形平放在垫木上，其位置正好对准第二层伏放三角钢时的两个支点，然后可按四或五行为一小垛，也可按五伏一仰法往上码。

④不等边角钢的码垛法。常用的是不等边角钢直起码垛法。其码法也是按一立一扣呈矩形，然后短边与短边相对、长边与长边相对，并在两短边的矩形底层加一长垫木。

⑤工字钢底层平放码垛法。即在底层木板上先一根挨一根立放一层，然后在其上扣压侧放。这种码垛法垛形稳固，高度降低，重心下移。

⑥槽钢一仰一伏码垛法。这种方法是将第一层放在垫木上，第二层伏放，两排互相套压成为一层。第三层又仰放，第四层伏放组成第二层，每层可按“五五化”定量存放。

关键点提示

金属材料的保管应遵循以下两项原则：

1.选择符合要求的保管场地；2.根据不同的金属材料选择不同的码垛方法。

4.4 如何防止货物在储存中发生霉变

工作场景描述

当想要防止货物在储存中发生霉变时，可查看。

解读与分析

霉变是影响货物价值的重要因素，有效防止货物霉变是仓储作业的一项重要工作。对于易发生霉变的货物，要创造不利于微生物生长的条件，遏制微生物的生长。

1.控制自然条件

（1）温度。各种微生物适宜生长的温度范围各不相同。如果把温度控制在大多数微生物适宜生长的最高温度之上或最低温度之下，就可以基本抑制其生长。

（2）湿度。水是微生物生存的必要条件，空气的干湿程度直接影响微生物体内的水分含量。在潮湿的环境中，微生物极易从空气中吸收水分而生长。因此湿度大，微生物吸湿快，生长繁殖也快。要通过通风、摊晾、日晒或烘烤等方式，使水分蒸发来防止货物霉变。

（3）氧气。各种微生物都需要通过呼吸才能生长，虽然有少量的微生物在缺氧的条件下也能生长，但大多数易于霉变的货物所滋生的各种霉菌、细菌，都需要呼吸空气中的氧气才能生长。因此，对于这些货物的防霉工作，可以采用不提供氧气的方法，可以用塑料薄膜将货物全部密封严密，再把密封件内的空气用真空泵抽去，然后充入二氧化碳，或放置除氧剂。

（4）酸碱性。各种微生物的生长繁殖与其周围环境中的酸碱性有密切关系，不同的微生物有不同的酸碱性适宜范围。大多数霉菌和酵母菌适宜在pH值为4～6的酸性环境中生长，大多数细菌适宜在pH值为6～8的环境中生长，为此可以在货物或包装内放置一些对质量无影响的酸性或碱性物质以防霉变。这种方法主要用于食品类货物。

2.化学方法防止霉变

将抑制微生物生长的化学药品放在货物或包装内防止其霉变，这种方法效果好、费用低。这种方法主要在生产过程中使用，只需进行一次性处理，就可以在生产、储存、运输、经营和消费的各个环节都起到防止霉变的作用。下面介绍一些能够防止霉变的化学药品。

（1）多菌灵。将0.1%～0.3%浓度的溶液涂刷在皮革、布胶鞋、纱线、纸张上以防霉变，也可浸泡蛋类防霉变，还可喷洒在库内防霉消毒。

（2）水杨酸苯胺。为黄色或粉红色粉末，不溶于水，但溶于乙醇以及其他有机溶剂。可以将浓度为0.2%～0.6%的溶液喷洒、喷涂或涂刷在皮革制品、电信器材上以防霉变。

（3）A–26防霉剂。为褐色粉末，无臭、无味、无刺激性，不易溶于水。浓度为0.3%～0.4%的胶悬液对皮革防霉有显著效果。

（4）百菌清。为白色结晶，无臭、无味，微溶于水，能溶于丙酮等有机溶剂。浓度为0.2%～0.3%的溶液常用于皮革制品防霉。

（5）托布津。为无色结晶，溶于丙酮、甲醇、氯仿，不溶于苯、二甲苯、乙醚等。浓度为50%的溶液用水稀释1 000倍后，浸渍水果，可消毒、防霉。

（6）除氧剂。氧气是多数生物生长的必要物质，因此可以把易霉变的货物放在严格密闭的包装内，再放入化学除氧剂将氧气吸收，使包装内氧气的浓度达到0.1%以下，防止货物霉变。化学除氧剂的种类很多，以铁粉为主要成分的效果比较好，吸氧量为每克铁粉可吸收1毫克氧。目前，除氧剂防霉法广泛使用于各种食品、中药材、电子元件、光学元件以及精密仪器等货物中。

（7）填充氮气或二氧化碳。将易发霉的货物包装或整垛，用乙烯或乙烯薄膜全部密封，然后将密封包装内的空气用真空泵抽出，再填充氮气或二氧化碳。同时，需要定时检测，让包装内的氧浓度保持在3%左右。

3.物理方法防止霉变

（1）紫外线。日光中含有大量的紫外线，有杀灭霉菌的作用，因此可以对一些不怕日晒的粮食、农副产品、中药材、棉麻制品等货物进行暴晒，既能杀灭其表面的霉菌，又可以通过日光辐射热将其所含的过多水分蒸发以抑制霉菌生长。当然，也可在库房内安装紫外线灯定期照射进行环境消毒。

（2）微波。微波是一种电磁波，波长为0.001mm～1m，在特定频率内的微波能引起商品分子的震动和旋转。由于分子间的摩擦能产生热，温度上升，导致霉腐生物体温过高而死亡。可通过专用的微波发生器产生微波。微波防霉法适用于食品、粮食、皮革制品、竹木制品以及棉织品等。

（3）辐射。利用放射性同位素释放的各种射线来照射易霉腐货物，射线能通过直接破坏微生物体内的脱氧核糖核酸和其他物质杀死微生物。这种方法适用于医疗器材、日用品、食品防腐以及皮革制品、纸烟、烟叶、中药材等货物的防霉，效果十分显著。

关键点提示

防止货物霉变的方法有：

1.控制自然条件；2.化学方法防止霉变；3.物理方法防止霉变。

4.5 如何进行仓库消防管理

工作场景描述

当想要了解仓库的消防管理时，可查看。

解读与分析

仓库是消防管理的重点区域。加强仓库的消防安全管理，增强员工的消防意识，是每一位仓库管理者的责任。员工如果不了解防火、灭火的基本知识，就会给仓库带来巨大的安全隐患，甚至造成巨大的人身、财产损失。以下为仓库消防管理的措施和方法。

1.防火措施

（1）建立健全防火组织和消防制度。仓库应当建立以仓库主要负责人为中心的防火组织。各个库房、料棚、货场也要有专人负责，平时要经常对员工进行防火知识培训，使全体员工严格遵守仓库防火安全管理的各项规定，并有明确的分工。一旦发生火灾，相关人员各司其职，协作配合，做到忙而不乱。

（2）仓库内的防火灭火设施要齐备，且要放在显眼的地方。一切防火灭火的工具器材，如灭火器、消防车、消火栓、水源、消防沙袋等，都要随时处于良好的备用状态。每年都要对消防工具进行定期检查，对于不合格的、失效的消防工具要及时更换。

（3）定期对全体员工进行有关消防器材使用、性能、维护方面的培训，使所有人都熟悉消防知识和灭火工具的使用。

（4）仓库内禁止使用明火，如需使用明火作业（如电焊、气焊切割等），一定要在划定的范围内进行，并设置警戒人员，使用完立即清理现场，清除火灾隐患。

（5）经常检查仓库内的输电线路、用电器具，发现隐患立即排查清除。

（6）对于仓库内高大的建筑物和重点的库房，要设置良好的避雷装置。

（7）物资仓库内的化工等危险品和专门的火药仓库是重点防火对象，对其要有更加详细的防火灭火规则和严密的防火灭火组织，采取更严格的防火灭火措施。因为它们一旦发生火灾，往往伴随着爆炸，这不仅会危及仓库本身，甚至会危及周围的建筑和居民的生命、财产安全。

2.仓库消防设置

消防设置是当仓库的某一部分发生火灾，某些特殊的建筑物或构筑物可将火势限制在一定的范围内，使其不蔓延危及整个仓库。消防设置主要有以下三种。

（1）防火墙。应在设计仓库时考虑防火墙的设计。防火墙应直接建筑在房屋的地基上，其厚度一般要考虑到发生火灾时的烘烤时间，高度应超出屋顶。如果顶棚采用可燃材料构筑的，防火墙超出顶棚的高度应不少于70cm；若顶棚是难燃或不燃材料构筑的，防火墙只需高出顶棚40cm。

（2）防火隔离带。仓库的防火隔离带有两种，一种是在建筑时就考虑到的，如在用可燃材料建筑的屋顶中间，建筑宽度不小于5m的耐火屋顶地段，其高度略高出屋顶；另一种是在库房、料棚和货场内留出足够的防火隔离带，尤其是储存可燃性材料和设备处，必须保证留有防火隔离带。此外，在贮木场的木垛、大的楞垛之间，一定要按规定留足隔离距离，且防火带内严禁临时存放可燃物料。

（3）防火门。防火门是用耐火材料制成的，万一库房起火，扑救不及时，可以关闭该库房的防火门，不会使火势蔓延到另一库房。

3.灭火方法

（1）隔离法。将已经燃烧起来的物资与周围环境和其他可燃物资隔离，或将周围其他可燃物资移开，使之限制在一定的范围内，火势会因缺少可燃物而停止，不至于蔓延扩大而造成更大的损失。

（2）窒息法。窒息法的原理是阻止空气流入燃烧区域或已燃烧的物体，使燃烧区域或燃烧物周围空气中氧气的含量降低，这样可以使之由于得不到足够的氧气而无法继续燃烧，从而达到灭火的目的。

（3）冷却法。降低燃烧物或燃烧区域的温度，使燃烧物的温度迅速降到燃点以下，这样燃烧区域或燃烧物将无法继续燃烧。

（4）化学抑制法。将灭火剂喷入燃烧区，灭火剂参与到燃烧反应中，通过抑制反应，中断燃烧链的正常传递，使燃烧反应停止。

4.常用的灭火剂

（1）水。水是最方便、来源最丰富的灭火剂。

（2）泡沫。泡沫灭火是利用泡沫中水分的冷却作用和泡沫比易燃、可燃液体轻的特性进行灭火的方法。泡沫分为化学泡沫和机械泡沫。

（3）惰性气体。其灭火原理是稀释空气中氧气的浓度，使其降低到继续燃烧所必需的含氧浓度以下，使火自行熄灭。

（4）化学干粉和固态灭火剂。干粉颗粒微细，浓度密集，在燃烧区能防止火焰的热辐射，并析出惰性气体，冲淡空气中氧气的浓度。

5.火灾时的应急措施

（1）迅速报告有关部门、消防队，并指挥火灾现场人员。

（2）普通人员应尽快离开危险区，逃离火场。

（3）面对火灾的复杂局面，仓库管理者需要果断、迅速进行决策和执行。仓库应建立火灾预警应急计划，包括组织报警，减轻和消除事故影响。

关键点提示

牢记仓库消防管理的具体措施和方法：

1.建立健全防火组织和消防制度；2.库房内的防火灭火设施要齐备；3.定期组织培训，使所有人熟悉消防知识和灭火工具的使用；4.知道防火墙、防火门、防火隔离带的作用；5.知道仓库灭火的四种方法；6.知道火灾时的应急措施。

4.6　如何保管木材

工作场景描述

当需要保管木材时，可查看。

解读与分析

在提倡环保的今天，木制品越来越受到人们的青睐，木制货物也越来越多。木材的保管需要专门的方法。

1.木材的存放

（1）干存法。指在陆地风干，使木材中的水分散失的一种方法。干存法码垛要在垛内各层之间留有一定的空间，以保持良好的通风。

（2）湿存法。它能够使木材保持较高的含水率，可以避免木材染菌，发生白皮或褐皮，避免虫蛀和木材干裂。湿存法应在树木砍伐或刚从河里捞出后，立即码成密实的木垛，垛长不小于40m，高度在3～3.5m，垛的外部加以苫盖。而且，要用水不断地浇洒，堆垛后每十天进行一次。

（3）水存法。水存法同样能使原木保持较高的含水率，避免菌类和昆虫危害，有效防止木材开裂。可采用河流或专用的储水池储存木材。

成材一般采用干存法，但也可用湿存法和水存法。

2.木材常见灾害的防治

（1）木材虫害的防治。

①把有虫害的原木迅速加工成板材，以消除虫害。

②把已有虫害的木材迅速下水沉存，避免虫害的发展。

③拆垛，喷洒除虫剂后重新码垛。

（2）木材裂纹的防治。

①在生产林场可采用树木伐倒以后暂不打枝选材的方法，将其放置一星期左右，借助枝叶蒸发树干内部的水分，使其均匀干燥，以减轻开裂。

②对于某些贵重木材，可用桐油、石灰均匀地调成糊状，涂抹于木材端面，以防止开裂。防裂的“防腐护湿”涂料有氟化钠、沥青、豁土膏浆、硼砂和石灰水溶液等。

③对于水上木材，可采用定期反排法，防止排面开裂。

④科学堆垛，做到既能通风又能使木材内外水分均匀，夏天最好用废板皮盖垛。

⑤对于已有裂纹的大规格木材，可用“S”“C”形防裂器钉入裂缝处，以防止其继续开裂。

⑥剥去树木外皮，留住内表皮，这样既可以减少开裂，还可以防止变色和虫害。

⑦采用端面环状切口法防裂，即用半圆凿子将原木端面中部开个环状切口，以减少原木开裂。

（3）木材翘曲的防治。

将原木锯制成板、方材之后，要尽快“层层填楞平码垛”，使木材迅速均匀地干燥成为“气干材”（含水率在15%左右）。有条件的储木场可采用人工干燥，即将木材码成平堆垛，放入干燥窖中烘干，可起到防腐、防虫、防裂、防曲的作用。

关键点提示

木材的保管方法包括：

1.干存法；2.湿存法；3.水存法；4.木材虫害的防治；5.木材裂纹的防治；6.木材翘曲的防治。

4.7　如何进行安全作业管理

工作场景描述

当需要对仓储作业制订安全措施时，可查看。

解读与分析

仓储作业的安全管理是效益管理的重要组成部分。仓储作业安全管理主要从作业设备、场所和作业人员这两个方面进行管理。其作用为：一方面，可以消除安全隐患，减少不安全的系统风险；另一方面，能够提高相关人员的安全责任和安全防范意识。

1.安全操作管理制度化

安全操作管理是仓库日常工作的重要项目，仓库管理者要制订科学合理的作业安全制度、操作规程和安全责任制度，并通过严格的监督，确保管理制度得以有效和充分的执行。

2.加强劳动安全保护

（1）间接劳动安全保护。要保证员工有足够的休息时间，包括合适的工间休息。仓库要遵守《劳动法》的劳动时间和休息规定，实行每日8小时、每周不超过40小时的工作制，依法安排加班。

（2）直接劳动安全保护。要提供合适和足够的劳动防护用品，如高强度工作鞋、安全帽、手套和工作服等，并督促作业人员使用和穿戴。采用安全系数较高的作业设备、作业机械和作业工具以满足作业要求；作业场地必须具有合适的通风、照明、防滑和保暖等适合作业的条件。不进行冒险和不安全环境的作业，在大风、雨、雪等影响作业的气候条件下暂缓作业，避免人员带伤病作业。

3.重视作业人员的资质管理、安全培训和安全教育

对新参加仓库工作和转岗的作业人员，应进行仓库安全作业教育，对他们进行安全培训，确保其熟练掌握岗位的安全作业技能和规范。从事特种作业的人员，必须经过专门培训并取得特种作业资格方可作业，且仅能从事其资格证书规定的作业项目操作，不

能混岗作业。

安全作业宣传和教育培训是仓库的长期性工作，也是进行作业安全检查和仓库安全作业管理的日常性工作。通过不断宣传、严格检查、对违章和忽视安全行为的严厉惩罚等措施，增强作业人员的安全责任意识。

关键点提示

了解安全作业管理的几个方面：

1.安全操作管理制度化；2.加强劳动安全保护；3.重视作业人员的资质管理、安全培训和安全教育。

4.8 如何做到仓储机械安全作业

工作场景描述

当想要了解如何做到仓储机械安全作业时，可查看。

解读与分析

安全是影响企业效益的重要因素，机械作业是引起事故的高发环节。要想做到仓储机械安全作业，需要做到以下五点。

1.载运货物时应注意的事项

（1）调度人员在下达运输作业计划前，应将货运路线、装卸场所和安全注意事项向驾驶人员提前交代清楚。

（2）车辆运载不得超过行驶证上核定的数量。

（3）车辆载物的高度、宽度和长度，应按交通管理部门的相关规定执行。

（4）可解体货物的体积超过规定时，必须经交通安全管理部门批准，指派专人押车，须按指定的路线，遵照规定的时间和要求行驶。

（5）装载货物必须均衡平稳、捆扎牢固，车厢侧板、后栏板要关好、拴牢；货物长度超过后栏板时，不得遮住号牌、转向灯、尾灯和制动灯；装载散状或液态货物时，不得散落、飞扬或滴漏车外。

（6）装载炽热货物时，必须使用专用的柴油卡车，其油箱必须用石棉包扎严密，并按指定的路线行驶。

2.自动倾卸车应遵守的规定

（1）驾驶室内应安装车厢起升报警或指示灯。

（2）装卸大宗货物时，货物不得卡在车厢的栏板上。

（3）车厢起升前注意空中有无障碍物，禁止边走边起、边走边落。

（4）倾卸货物时，应选择平坦场地；向坑内卸车时，应与坑边缘保持一定的距离；在危险地段卸车时，应有专人指挥，不得自作主张。

3.随车装卸人员应遵守的规定

（1）驾驶室内不得搭载超过交通安全部门核定的人数。

（2）车厢内不得人、货混装。

（3）人不得坐在车厢栏板上；车辆未停稳前，不得上下车。

4.装载易燃、易爆、剧毒等危险品货物时应遵守的规则

（1）必须经交通安全管理部门和保卫部门批准，按指定的路线和时间驾驶。

（2）必须由有经验的驾驶人员驾驶，并选派熟悉危险品性质和有关安全防护知识的人担任押运人员。

（3）必须用货运汽车运输，禁止用汽车挂车及其他机动车运输。

（4）车上应根据危险货物的性质配备相应的防护消防器材，车厢两端上方须插有危险标志。

（5）应在货车排气管消音器处装设火星罩，易燃易爆货物专用车的排气管应装在车厢前一侧，向前排气。

（6）车厢周围严禁烟火。

（7）装载液态和气态易燃易爆物品的罐车，必须挂接地静电导链；装载液化气体的车辆应有防晒措施。

（8）装载氯化钠、氯化钾和用铁桶装的一级易燃液体时，不得使用铁底板车辆。

（9）装载剧毒品的车辆使用后应清洗消毒。

（10）不得与其他货物混装。

（11）两台以上车辆尾随运输时，两车的最小间距为50m，行驶中不得紧急制动，严禁超车。

5.装卸货物应遵守的规定

（1）机动车驾驶人员应负责监督装卸作业，用吊车装卸货物时，机动车驾驶人员和随车人员应离开车辆。

（2）装卸时应按货物堆放顺序作业。

（3）装卸成件货物，应包扎稳固；对能移动的货物，应使用支杆、撑板或挡板固定；高出车厢栏板的货物，应使用绳索捆绑牢固。

（4）不准在倾斜50°以上的坡边横向起吊作业，如必须作业时，须将车身垫平。

（5）严禁超载。机动车驾驶人员应提高安全意识，对超载说“不”。

关键点提示

仓储机械安全作业应注意的事项有：

1.载运货物时应注意的事项；2.自动倾卸车应遵守的规定；3.随车装卸人员应遵守的规定；4.装载易燃、易爆、剧毒等危险品货物时应遵守的规则；5.装卸货物应遵守的规定。

4.9　如何减少仓储品的损坏、变质损失

> 工作场景描述
>
> 当想知道怎样防止储存品损坏、变质时，可查看。

解读与分析

仓储设计时应考虑的因素有：温度、湿度、光线等自然条件对物品的影响，邻近物品或物料之间的相互影响，物品重量影响，有效存储期及其保证防水、防火、防盗措施及设备除锈措施以及对酸、碱、盐性质的防护物品搬运是否方便，照明设备是否合适等。

仓储保管的作用之一，就是保持物品原有的质量和使用价值，防止由于不合理的保管措施而引起物品磨损和变质。为此，需要注意以下几点。

①危险品和非危险品、性质互相抵触的物品，应该区分放置，不得混放。

②在库位不紧张时，尽量避免物品堆码的覆盖和拥挤。

③经常或定期检查和养护仓储物品，要特别注意易变质或对储存环境要求比较特殊的物品。

④保持适当的温度和湿度，预防因储存环境不合适造成的物品损坏和变质。

⑤编制装卸搬运作业指导书，防止搬运过程中的损坏。

⑥重物放下层，轻物放上层；大件物品放下层，小件物品放上层。

⑦物品存放位置便于检查、搬运。

⑧配备保管设备，如测温仪、红外线装置和空气调节器等，以及供测试、化验使用的仪器和工具。

⑨物品入库验收应注明接收日期。对有储存期要求的物品，应建立储存品周转制度。

⑩对接近保质期的物品，应及时通知有关人员进行质量和重量检验，一旦发现物品

变质，要书面呈报上级。

仓储物品的保管方法和措施，因货物、环境的不同而不同，仓库管理者应经常总结物品保管经验，不断改进工作。

关键点提示

防止仓储品损坏、变质的注意事项：

1.区分放置不同性质的物品；2.避免覆盖和拥挤；3.定期检查和养护；4.保持适当的储存环境；5.对装卸搬运作业进行控制；6.正确放置物品；7.物品存放便于检查、搬运；8.配备保管设备；9.建立储存品周转制度；10.及时检验接近保质期的物品。

4.10 如何减少仓储品的短缺和事故损失

工作场景描述

当想知道怎样预防仓库发生短缺和事故损失时，可查看。

解读与分析

储存物品的短缺和事故会造成仓储成本损失。很多情况下，它们是由人为因素引起的。因此，加强仓库作业管理，减少物品短缺和事故，是仓储成本管理的重要环节。减少储存物品短缺和事故的措施如下。

①每个仓库都必须制订仓库规章制度，工作人员要严格遵守，做到防患于未然。

②任何人必须经过许可才能进入仓库设施及周围场地，并严格通过一个大门进出货物。

③除非有出库单证，否则仓库不应该发放任何物品。

④销售人员有权使用的储存样品，应该与其他存货分隔开。

⑤定期进行岗位轮换。

⑥详细的存货记录应由一个未得到存货移动或存货保管授权的员工进行。

⑦存货明细的记录应当反映原材料、包装材料、在制品、产成品和样品等存货的数量和金额。

⑧高价、易被偷窃或限制性物品应储存于安全地区，只限经授权的人员接触。

⑨送领物料的资料手续不全或缺损时，如果无特殊批准，严禁收发。

⑩不允许有明火进仓，下班前应关好门窗及电源。

⑪对危险化学物品和易燃易爆品要放入指定区域，由专人保管。

⑫定期检查电线绝缘是否良好。

⑬按消防部门规定的标准配备消防设施，每季度定期检查一次，以确保其可正常使用。

⑭配备安全防范系统，如警卫、仓储安全监视系统等。

⑮减少仓储品的偷盗和事故损失必须持续进行。

关键点提示

减少仓储品短缺和事故的措施包括：

1.制订并严格遵守仓库规章制度；2.任何人须经许可方能进入；3.有齐备的出库手续才能发货；4.样品分开存放；5.岗位轮换；6.由专人记录存货；7.高价、危险品专人管理；8.不允许有明火进仓；9.危险、易燃易爆品放入指定区域，由专人看管；10.消防设施齐全；11.配备安全防范系统等。

第5章

特殊物料仓储管理常见问题

特殊物料仓储包括对危险品、冷藏货物、粮食等物品的仓储。这些特殊物品对仓储的要求比较高，这就使得特殊物料仓储的管理有所不同。国家对特殊仓储实行严格的监管，实行审批、发证、检查等一系列管理制度。企业也应采取相应的配套措施，确保存储特殊物品的仓库安全、节能、高效地运营，从而既满足客户需求，又提高企业效益。

5.1　如何进行冷库仓储管理

工作场景描述

当想要了解冷库仓储管理时，可查看。

解读与分析

冷库可以创造特定温度和相对湿度的条件，延长有机体的保鲜时间，在加工和储存食品、工业原料、生物制品以及医药等领域有着特殊的用途。冷库结构复杂、造价高、技术性强，其使用、维修和管理，必须认真执行有关规章制度。

1.对冷库管理的要求

（1）对冷库的要求。

冷库应具备可供商品随时进出的条件，并具备经常打扫、清洁、消毒和晾干的条件。冷库的外室、走廊、汽车月台及附属车间等场所，都要符合卫生要求。冷库还应具有通风设备，随时去除异味。

（2）对冷库内设备的要求。

冷库中的设备要符合卫生标准。所有手拉车都要保持干净，并将运输肉和鱼的手拉车区分开来，定期对运输工具进行消毒。

（3）对入库食品的要求。

①凡进入冷库保藏的食品必须新鲜、清洁，经过检查合格方可入库，如鱼类要冲洗干净、按种类和大小装盘，肉类及副产品要求分割干净、无毛、无血、无污染。食品在冷却的过程中，库房温度应保持在0℃～1℃。当肉体内温度达到0℃～4℃时冷却即为完成。食品冻结时，库温应保持设计要求的最低温度，当肉体内部温度不高于冷藏间温度3℃时，冻结即为完成。

②食品到达前，应当做好一切准备工作。食品到达后，双方必须根据发货单和卫生检查证，在冷库月台上交接验收，并立即组织入库。对已经腐败变质散发臭味、颜色发

绿的肉类食品以及经过雨淋或水浸过的食品不得入库。

（4）严格控制库房的温度、湿度。

根据食品的自然属性和所需的温度、湿度选择库房，力求保持库房温度、湿度的相对稳定。对冻结物冷藏间的温度要保持在-18℃。只允许库温在短时间内有小的波动，在正常的情况下，温度波动不得超过±1℃。在大批冷藏食品进库、出库的过程中，一昼夜升温不得超过4℃；冷却物冷藏间温度，升降幅度不得超过±0.5℃；在进出库时，温度升高不得超过3℃。

2.冷库的合理使用和管理

冷库应按设计要求，充分发挥冻结、冷藏的功能，确保安全生产，保证产品质量，维护好建筑结构。库房应设立专门机构和专业人员管理，责任落实到人。

冷库是用隔热材料建筑的低温密闭性库房，具有怕水、怕潮、怕热气、怕跑冷的特性，所以要把好冷、霜、水、门、灯这五关。

冷库的合理使用和管理要求如下。

（1）冷库内要保持清洁干净，地面、墙、顶棚、门框上要无积水、结霜、挂冰，随有随扫，特别是在作业后，应及时清洁。对制冷设备、管壁上的结霜与结冰也应及时清除，以提高制冷功效。

（2）按货物所需的要求通风换气。通风换气是为了保持库内合适的氧气和湿度，冷库一般采用机械通风的方式通风换气。通风换气要选择合适的时机。

（3）为减少冷耗，货物出入库作业应选择在气温较低的时间进行，如早晨、傍晚、夜间。出入库作业时，应集中仓库内的作业力量，尽可能缩短作业时间。要使装运车辆离库门最近，缩短货物露天搬运距离，防止隔车搬运。在货物出入库中出现库温升高较快时，应停止作业，封库降温。出入库搬运应采用推车、叉车、运输带等机械搬运，采取托盘等成组作业，提高作业速度。作业中不得将货物散放在地坪上，避免货物、货盘冲击地坪、内墙、冷管等，吊机悬挂重量不得超过设计负荷。

（4）库内堆码要严格按照仓库规章制度进行，选择合适货位，将长期存储的货物存放在仓库里端，存期短的货物存放在库门附近，将易升温的货物接近冷风口或排管附近放置。根据货物或形状合理采用垂直叠码，要求堆码整齐、货垛稳固、间距合适。货垛不能堵塞或者影响冷风的流动，避免出现冷风短路。堆码完毕后，要在垛头上悬挂货垛牌。

（5）冷库必须合理使用仓容，提高仓库利用率。相关人员要不断总结改进堆垛方法，安全、合理地安排货位和堆存高度，在楼板可承受的负荷下，提高每立方米的堆垛数量。堆垛要牢固整齐，便于盘点、检查、进出仓方便。货垛与墙壁和排管应保持以下的距离：

①距低温库顶棚0.2m；

②距高温库顶棚0.3m；

③距顶排管下侧0.3m；

④距顶排管横侧0.2m；

⑤距无排管的墙0.2m；

⑥距有排管的墙0.4m；

⑦距风道喷风口中心（下侧）0.3m；

⑧距冷风机周围1.5m。

3.冷库人员安全

（1）防止冻伤。进入库房的人员，必须进行保温防护，穿戴手套、工作鞋。身体裸露部位不得接触冷冻库内的物品，包括货物、排管、货架、作业工具等。

（2）防止人员缺氧窒息。冷库，特别是冷藏库内植物和微生物的呼吸作用，使二氧化碳浓度增加；冷媒泄漏入库内也会使库房内氧气不足，造成人员窒息。因此，人员进入库房，尤其是长期封闭的库房前，须通风，避免可能的氧气不足。

（3）避免人员被封闭库内。库门应设专人开关，限制无关人员入库，应在门外悬挂告示牌。作业班须明确核查人数的责任承担人，确定人员出库后，才能摘除告示牌。

（4）妥善使用设备。库内作业应使用抗冷设备，且进行必要的保温防护，不使用会发生低温损害的设备和用具。

关键点提示

冷库的管理要求如下：

1.对冷库的要求；2.对冷库内设备的要求；3.对入库食品的要求；4.严格控制库房的温度、湿度；5.保证人员安全。

5.2 如何进行冷库的卫生管理

工作场景描述

当想要知道如何保持冷库卫生时，可查看。

解读与分析

冷库卫生管理是一项重要工作，要严格执行国家颁布的卫生条例中的相关规定，尽可能减少微生物污染食品的机会，以保证食品的质量，延长冷藏期限。

1.冷库的环境卫生

食品进出库时，会与外界接触，如果冷库环境卫生不良，就会增加微生物污染食品的可能性，因而冷库周围的环境十分重要。冷库四周不应有污水和垃圾，场地和走道应经常清扫，定期消毒。垃圾箱和厕所应与库房有一定的距离。

2.库房和工具设备的卫生与消毒

在库房内，霉菌比细菌繁殖得更快，并极易侵害食品。因此，库房应进行不定期的消毒。运输用的手推车以及其他载货设备也可能成为微生物污染食品的媒介，应经常清洗和消毒。库内冷藏的食品，不论是否有包装，都要堆放在垫木上。垫木要刨光，并经常保持清洁。垫木、小车以及其他设备，要定期在库外冲洗、消毒。加工用的一切设备，如称盘、挂钩、工作台等，使用前后都应用清水冲洗干净，必要时还应用热碱水消毒。冷库内的走道和楼梯要经常清扫，特别在出入库时，对地坪上的碎肉等残留物要及时清扫，以免污染环境。

3.冷库室内的卫生与消毒

（1）消毒剂。

①漂白粉消毒。漂白粉可配制成含氯0.3%～0.4%的水溶液，在库内喷洒消毒，或与石灰混合，粉刷墙面起到消毒作用。

②次氯酸钠消毒。可用2%～4%的次氯酸钠溶液，加入2%的氯酸钠，在低温库内喷

洒，然后将门关闭。

③乳酸消毒。每立方米库房空间须用3～5ml粗制乳酸，每份乳酸再加2份清水，放在瓷盘内，置于酒精灯上加热，再关门数小时消毒。

④福尔马林消毒。不宜在低温库房内喷洒。每立方米可用15～25g福尔马林。由于福尔马林的气味很大，肉类食品吸收后即不能食用，为了吸收剩余的福尔马林，可在通风时用脸盆等容器盛氨水放在库内。福尔马林对人体有很大的刺激作用，使用时要注意安全。

（2）抗霉剂。

①氟化钠法。在白陶土中加入1.5%的氟化钠或2.5%的氟化铵，配成水溶液粉刷墙壁。

②羟基联苯酚钠法。当发霉严重时，在正温的库房内，可用2%的羟基联苯酚钠溶液刷墙，或用同等浓度的药剂溶液配成混合剂粉刷。消毒后，地坪要洗刷并干燥通风，而后库房才能降温使用。

③硫酸铜法。将2份硫酸铜和1份钾明矾混合，取其1份混合物加9份水在木桶中溶解，粉刷时再加7份石灰。

④用2%过氧酚钠盐水与石灰水混合粉刷。

（3）消毒方法。

①喷洒。将消毒剂配制成符合浓度要求的溶液，用喷洒设备喷洒消毒。喷洒时要关闭门窗，等时间到时，再打开门窗通风，通风要彻底。

②粉刷。将消毒剂配制成溶液对墙面粉刷。粉刷前应将库内食品全部撤出，清除地坪、墙和顶板上的冰霜，必要时须将库温升至正温。

③紫外线消毒。一般用于设备和工作服的消毒，不仅操作简单、节约费用，而且效果良好。每立方米空间装设功率为1瓦的紫外线灯，每天照射3小时，即能起到对空气的消毒作用。冷库消毒的效果要根据霉菌孢子的减少来评定。因此，消毒前后均要做测定和记录。消毒后，每平方厘米表面上不得多于一个霉菌孢子。

4.冷库工作人员的个人卫生

冷库工作人员会经常接触多种食品，如不注意卫生，本身患有传染病，就会成为微生物和病原菌的传播者。因此，对冷库工作人员的个人卫生应有严格的要求。

（1）做到勤理发、勤洗澡、勤洗工作服，工作前要勤洗手，经常保持个人卫生。

（2）定期检查身体，如发现患传染病，应立即治疗并调换工作，未痊愈时不能进入库房与食品接触。

（3）工作人员不应将工作服穿到食堂、厕所等库房以外的场所。

通过以上方法对冷库进行卫生管理，才能使冷库达到合格的仓储条件，使储存商品符合卫生标准。

关键点提示

保持冷库卫生可采取的方法有：

1.保持冷库周围环境的卫生；2.保持冷库工具设备的卫生与消毒；3.保持冷库室内的卫生与消毒；4.注意冷库工作人员的个人卫生。

5.3 如何减少冷库的能耗

工作场景描述

当想要减少冷库的能耗时，可查看。

解读与分析

冷库是冷藏作业中主要的用电部门，冷库的能耗因地区、企业设计和管理水平的不同而存在着较大的差别。因此，对制冷系统进行技术改造和科学管理，以达到节能的目的。冷库节能措施包括以下几种。

1.采用新工艺、新技术、新设备

（1）减少冷库围护结构单位热流量指标。据统计，如果将断路器降到6.98～8.14w/（m^2·h），则对于一座5 000～10 000吨级的低温冷库，动力费用将下降10%左右。

（2）缩小制冷剂蒸发温度与库房温度的温差。当库房温度一定时，随着蒸发温度与库房温度温差的缩小，蒸发温度便相应提高。此时如果冷凝温度保持不变，就意味着制冷量的提高，也就是说获得相同的冷量可以少消耗电能。而且，温差小对降低库房储藏食品的干耗也是极为有利的。因为温差小能使库房获得较大的相对湿度，减缓库房内空气介质的交换程度，从而减少储藏食品的干耗，尤其是对未包装储藏食品，应该尽量减小温差。提高蒸发量的措施主要是适当增大蒸发器的传热面积和增加风量。

（3）根据不同的冷藏食品和储藏期，确定相应的储藏温度。人们可根据食品在低温储藏期间的生化变化及低温细菌的滋长和繁殖时被抑制的程度，确定较佳的储藏温度。

（4）冻结间配用双速或变速电机的冷风机。食品在冻结间冻结过程中热量的释放，实际上是不均匀的，所以冷却设备的需冷量也是不均匀的。

食品的冻结过程由三个阶段组成：

① 冷却阶段，食品温度由0℃以上降至0℃左右；

② 冰晶形成阶段，食品温度由0℃降至-5℃左右；

③ 食品温度由-5℃降至-15℃左右。

在这三个阶段，第二阶段需冷量最大，此间冻结间所配冻结设备要全部投入运转。在第一阶段和第三阶段，由于单位时间内热负荷较少，因此可适当降低风速，减少风量，以达到节能的目的。

（5）冷却物冷藏库配用双速电机的冷风机。冷却物冷藏库一般都是既用作冷藏又用作冷却。货物进库时，用作冷却，此时热负荷较大，冷风机要有较大的风量，电动机为高速挡；当货物经冷却后进入存储期，其热负荷较小，冷风机可开小些，电动机改为低速挡，以达到节能的目的。

2.及时进行冷藏食品的结构改革

（1）在市场推广销售冷却肉。从安全卫生的角度出发，市场出售的新鲜肉均应冷却，这样可达到明显的节能效果，能耗上只有冻结肉的40%左右。

（2）肉胭体分割剔骨后的节能。将肉胭体分割剔骨，改变过去白条肉冻结和冷藏的做法。据统计，肉胭体经剔骨、去肥膘处理后冻结储藏，可节省25%的劳动力、50%

的冻结能耗及50%的低温冷藏空间。

（3）冷藏肉食品包装后的节能效果。冷藏食品如无包装，储藏时耗能较大。包装的冷冻食品在储藏期间的干耗大大减少，减少蒸发融霜次数，制冷压缩机的无效功率也降到最低，起到节约能源的作用。

3.加强科学管理

（1）建立能耗管理制度。

①日常运行管理。相关人员坚持填写设备运行日志，每隔2小时记录各制冷设备工作的温度、压力状况（如蒸发温度、冷凝温度、中间温度和压力、排气温度、吸气温度、膨胀阀前液体温度、库温、水温和室外温度等），以便检查各种设备的工作状态和工作效率。按月统计，了解设备月平均工作状况。

②制订单位冷量耗电量定额。单位冷量耗电量定额是考核压缩机操作管理是否正常合理的指标。每月月末时，要计算出压缩机实际单位冷量耗电量，和定额数据比较，以考核压缩机操作管理情况。

③制订单位产品耗电量定额。单位产品耗电量是衡量冷库好坏的综合指标，它不但能反映制冷设备的设计、运行和管理情况，还能反映冷库结构的设计、使用情况和冷库储藏货物的管理情况。每座冷库的单位产品耗电量是不可能相同的，应根据各自不同的情况制订单位产品耗电量定额。

（2）及时进行技术改造，用新技术、新设备代替旧设备、老技术。

（3）合理堆垛。合理堆垛能使库房增加装载量，提高库房空间的利用率，可节约能源。

（4）其他措施。

①对制冷系统定期放油、放空气、融霜和除水垢，以保持热交换设备良好的传热效果和充分利用传热面积，达到降低制冷系统能量消耗的目的。

②对冷却水系统要注意改善水质，减缓热交换器的结垢速度，保持热交换器良好的传热效果，降低冷凝压力，以达到节能的目的。

③节约用水，既能节省水源，又能节省电能。

④制冷系统运行时，应根据库房的热负荷和外界环境温度合理调配制冷设备。

关键点提示

冷库节能措施包括：

1.采用新工艺、新技术、新设备；2.及时进行冷藏食品的结构改革；3.加强科学管理。

5.4　如何进行危险品仓库的管理

工作场景描述

当需要对危险品仓库进行管理时，可查看。

解读与分析

危险品是指易燃、易爆、有腐蚀性、有毒或具有放射性的物品。这类危险品从仓库的选址、库房设计到储存保管，都有十分特殊的要求。

1.仓库选址

由于危险品仓库储存的货物具有危险性，仓库通常在郊区较为空旷的地带选址建造，且位于长年主导风向的下风处，要避开交通干线、农业保护区和河流湖泊等区域。

2.仓库结构

危险品库场和建筑形式有地面仓库、地下仓库与半地下仓库，还有窑洞以及露天堆场，应根据货物的性质采用不同的形式。

（1）压缩气体。存放压缩气体的仓库应采用耐火材料建筑，库顶用轻质不燃材料，库内高度应大于3.25m，并安装有避雷装置，库门、库窗应向外开启，以减小爆炸时的波及面。

（2）易爆炸性货物。储存易爆炸性货物最好采用半地下仓库。这种仓库的三分之二在地下，地面库壁用45°斜坡培土，库顶用轻质不燃材料，库外四周修建排水沟。库房面积不宜过大，一般应小于100m^2，要求通风好，并保持干燥。

（3）氧化剂。储存氧化剂的仓库应采取隔热和降温措施，并保持干燥。

（4）遇水易燃货物。这种货物遇水受潮后，会发生化学反应，使温度升高，在温度达到其燃点时会自燃。这类货物应储存在地势较高，干燥，温度、湿度易于控制的库房内。

（5）自燃物品。这类货物能与空气中的氧气发生反应，使货物本身升温，当温度达到其自燃点时就会燃烧。因此，这类货物应置于阴凉、干燥、通风的库房内，库壁采用隔热材料。

（6）有毒物品。对于能散发有害气体的货物应单独存放在库房内，通风条件要好，并配备毒气净化设备。

（7）腐蚀性物品。存放腐蚀性物品的仓库应采用防腐材料，货物应放置在阴凉、干燥、通风较好的库房内。

（8）放射性物品。放置放射性货物的库房应采用铅板材料铺设库壁和门窗，货物应放置在阴凉、干燥、通风较好的库房内。

3.库区布局

危险品仓库库区在布置上，应严格按照国家标准《建筑设计防火规范》（GB50016—2014）要求，设置安全防火距离。

危险品仓库如必须在市区内，大、中型的甲类危险品仓库和大型乙类危险品仓库与邻近居民区、公共设施的间距应大于150m，与企业、铁路干线间距应大于100m，与公路间距应保持或大于50m。在库区内，危险品库房间的防火间距根据货物特性取20～40m，小型危险品仓库的防火间距在12～40m。

4.管理重点

危险品仓库管理除了要遵守一般仓库管理的规定外，还要遵守一些特殊要求。

（1）货物入库。仓库管理人员应对货物按交通运输部颁发的《危险品运输管理条例规定》进行抽查，做好相应的记录，并在货物入库后的2天内对其验收完毕。货物存放应按性质分区、分类、分库储存。对于不符合危险品保管要求的货物，应拒收。

入库验收时，以感官验收为主，仪器和理化验收为辅。在验收程序上，可按以下步骤进行。

①检验货物的在途运输情况，检查是否发生过混装。

②检查货物的外包装上是否沾有异物。

③对货物包装、封口和衬垫物进行查验，看包装标志与运单是否一致，容器封口是

否严密，衬垫是否符合该危险品运输、保管的要求。

④检查货物本身的质量，看是否有变质、挥发、变色或成分不符等问题。

⑤提出对问题的处理意见：对属于当地的货物，以书面形式提出问题和改进措施并退货；如为外地货物，又无法退回的，且属于一般问题，不会造成危险的，可向货主提出整改意见；对于会影响库场安全的货物，则应置于安全地点进行观察，待问题解决后方可入库。

（2）货物堆垛。根据危险品的性质和包装来确定合适的堆垛形状与货垛大小。

①桶装危险货物不得超过3个桶高，袋装货物不得超过4m。

②库场内的危险货物之间及其与设备之间需要保持必要的间距，其中货垛顶距离灯具不小于1.5m，货垛距墙不小于0.5m，货垛之间不小于1m，消防器材、配电箱周围1.5m内禁止堆货或放置其他物品。

③仓库内消防通道不小于4m，货场内的消防主通道不小于6m。

④危险货物堆叠要整齐，堆垛稳固，标志朝外，不得倒置。堆头要悬挂标明危险品编号、品名、性质、类别、级别、消防等信息的牌子。

关键点提示

危险品仓库管理的措施有：

1.仓库选址；2.仓库结构；3.库区布局；4.管理重点。

5.5　如何进行危险品应急处理

工作场景描述

当需要处理危险品事故时，可查看。

解读与分析

危险品仓库内储存着大量易燃、易爆或有毒的危险品，若发生事故后得不到及时处理，就会造成巨大的危害和损失。因此，从事危险品储存的企业，应该使每一位员工熟练掌握处理危险品事故的方法。

1.应急措施

当发生危险品事故时，应该在第一时间采取一些应急措施，以减少损失和人员伤害。具体内容如下。

（1）迅速撤离非必要人员，隔离危险区并禁止人员进入。

（2）让人员离开低洼地，在上风口处停留。

（3）拨打救助电话，请求应急支援。

（4）如发生水污染，应及时通知各有关单位采取措施。

2.具体措施

现场人员首先要通过危险品标签、包装标志或货运票据确定危险品的名称，然后根据危险品事故的性质和处理要求采取相应的处理措施。

（1）当发生火灾时，要根据火灾大小和危险品性质选择适当的灭火工具。

①小火，用干化学剂、二氧化碳、喷射水或常规泡沫剂扑救。

②大火，用喷射水、雾剂或常规泡沫扑救。

③如无危险，将容器移出火区。

④面临火焰的容器，向各边洒冷水直至火完全熄灭。注意远离储罐的各端。

⑤对货区大面积火灾，使用无人操纵的水龙带支架或监控喷管；如不能采取此法，则撤离火区，任其燃烧。

（2）当发生溢流或泄漏时，须注意以下事项。

①阻断引燃源，在危险区内禁止吸烟、出现火苗及火焰。

②可燃物（木、纸、油等）须远离溢流物。

③切勿触及溢流物或在溢流区行走。

④用沙或其他不燃的吸着材料渗入小量溢流物，将之放入容器以便日后处理。

⑤若出现大量溢流物，要在液体溢流区远方构筑围堤防护，以备日后处理。

（3）人工急救

①将伤员移至空气新鲜处，拨打急救电话请求派遣医护人员。伤员如已停止呼吸，

应进行人工呼吸；如呼吸困难，应输氧。

②如已触及危险品，立即用流动的水冲洗皮肤或眼睛，至少15分钟。

③脱下在现场受污染的衣服、鞋并加以隔离。

④使伤员保持安静和体温正常。

关键点提示

危险品的应急处理措施包括：

1.应急措施；2.具体措施。

5.6　如何进行危险化工产品的养护管理

工作场景描述

当需要对危险化工产品进行养护管理时，可查看。

解读与分析

危险化工产品分为爆炸品、氧化剂、压缩物质、易燃品、毒害品、腐蚀性物品和放射性物品等。这些物品对储存环境和管理有特殊要求，在养护管理时需要采取一些特殊的方法。

1.降温

多数危险化工产品对温度十分敏感，高温往往导致库存物资熔化、挥发、分解或变质。当气温较高时，通过以下措施，可以使危险品降温。

（1）通风降温。对于温度和湿度都敏感的物资，通风时要严格控制温湿度条件。只有当库外温度低于库内温度、库外相对湿度也低于库内相对湿度时，才能通风降温；对于一些虽然受温度影响很大，但受湿度影响很小的物资，只需对比库内外的温度差，无须注意湿度条件即可通风降温。

（2）加冰降温。加冰降温适用于密闭库房，采用冰或食盐与碎冰块的混合物使库房内降温，降温效果明显，降温速度快，可在短时间内使库房内温度下降10℃左右。

实施加冰降温时应注意：首先，冰吸热后融化成水，要将水及时导出或移出库外。其次，降温的库房应使用吸湿剂，以降低库内湿度。最后，天然冰难以获得，而人造冰或加食盐价格较高，要根据具体情况严格控制冰和食盐的用量，以降低消耗，节约成本。

（3）喷水降温。货场上堆放的物资，如果性能允许，可采用喷水降温法。通常可直接将水喷洒到物资上，以达到降温目的，也可持续地向库顶喷洒或淋水，使库内温度下降。喷水降温法，尤其是库顶喷水法，虽简单易行，但耗水量过大，而且对防水防潮的物资应避免使用或慎用。

（4）埋藏法降温。埋藏法降温，实际上是一种绝热处理。对那些易燃性强，但存量不多的易燃液体，采用此法，效果往往并不比其他方法逊色，埋藏材料多用河沙。

（5）采用空调降温。在现代仓库中，尤其是密封库，可使用空调调节库温。虽然对设备费用和能源消耗都较大，但降温方法简单，没有污染，控制严格，应用范围较广。

2.降湿

很多化工产品对湿度敏感，易吸潮而发生霉变或溶化，从而影响物资安全。其主要的降湿措施是通风，同时还要根据具体情况选用吸湿剂，提高和巩固通风降湿效果。常用的吸湿剂有生石灰、氯化钙、硅胶等材料。

3.密封

密封可以防止物资吸潮后溶化。对密封性好的库房，只需关闭门窗等与外部环境接触的孔道，即可获得密封效果。一般情况下，可采用牛皮纸条、塑料胶带等将门窗缝糊上，可得到满意的密封效果。对于作业人员必须通过的库门或用隔离门、二道门，也可以采取挂门帘的方法，隔绝外部环境条件与库内的联系，保持库内的干燥。

4.保温和采暖

高寒地区或严冬季节，如不对库房采取保温或采暖措施，有些物资会因低温而受到损失。一般怕冻物资均应存放在保温或采暖库房内，养护管理要密切注意库内温度变化和物资自身变化，适时加温供暖，使库内温度适宜。

关键点提示

危险化工产品的养护管理方法包括：

1.降温；2.降湿；3.密封；4.保温和采暖。

5.7　如何进行粮仓管理

工作场景描述

当需要对粮仓进行管理时，可查看。

解读与分析

粮食仓储是实现粮食集中储存，也是国家战略物资储备的主要项目。由于粮食本身具有呼吸性、自热性和易受虫害等特点，对于粮仓的管理要采取特殊的措施，具体如下。

1.保证干净无污染

为保证粮食清洁干净，粮食入库前必须保证粮仓内清洁干净。

（1）仓库所建设的粮仓需要达到仓储粮食的清洁卫生条件，尽可能采用专用的粮筒仓。

（2）采用通用仓存储粮食时，仓库应是能封闭的，仓内地面、墙面应进行硬化处理，不起灰扬尘，不脱落剥离，必要时使用木板、防火合成板固定铺垫和镶衬；要对作业通道进行防尘铺垫。

（3）金属筒仓应进行除锈防锈处理，如采用电镀、喷漆、喷塑、内层衬垫等，确保仓内无污染物、无异味时方可使用。

（4）粮食入库前，应对粮仓进行彻底清洁，清除异物、异味。待仓内干燥、无异味后，粮食才能入库。地面条件不满足要求的，应采用合适的衬垫，如用帆布、胶合板严密铺垫。

2.保持干燥，控制水分

粮仓内不得安装日用水源，消防水源应妥善关闭，洗仓水源应离仓库有一定距离，并设置在下方排水。仓库旁的排水沟应保持畅通，无堵塞。

随时监控粮仓内的湿度，将湿度严格控制在合适的范围内。仓内湿度升高时，要检查粮食的含水率；含水率超过要求时，应及时采取除湿措施。

粮仓通风时，要采取措施避免将空气中的水分带入仓内。

3.控制温度

粮食具有自热性，在温度、湿度较高时，自热能力就更强。在气温高、湿度大时，要控制粮仓温度，采取降温措施。相关人员要每日测试粮食温度，特别是内层温度，及时发现自热升温。当发现粮食自热升温时，应及时采取加大通风、货堆内层通风降温、内层释放干冰等措施降温，必要时翻仓、倒垛散热。

4.防止火源

粮食具有易燃特性，对粮仓的防火工作有较高的要求。在粮食出入库、翻仓作业时，应避免一切火源，特别要注意对作业设备运转产生的静电、粮食与仓壁以及输送带间的摩擦静电进行消除。粉尘遇火源也会爆炸起火，应加强吸尘措施。

5.防霉变

粮仓防霉变以预防为主，主要措施如下。

（1）严把入口关，防止已霉变的粮食入库。

（2）避开潮湿货位，如通风口、仓库排水口、漏水渗雨的窗与门口，远离会被雨淋湿的外墙，地面妥善衬垫隔离。

（3）加强仓库内温度和湿度的控制与管理，保持低温和干燥。

（4）经常清洁仓库，特别是潮湿的地角；清除随空气入库的霉菌，清洁仓库外环境，消除霉菌源。

（5）经常检查粮食和粮仓，一旦发现霉变，立即清除霉变部分的粮食，进行除霉和单独存放或其他处理，并有针对性地在仓库采取防止霉变扩大的措施。

（6）粮食霉变除了因为细菌、酵母菌、霉菌等微生物污染分解外，还会因自身的呼吸作用、自热而霉烂。微生物的生长繁殖需要较适宜的温度、湿度和氧气含量。在温度25℃～37℃、湿度75%～90%时，霉菌生长繁殖最快。霉菌和大部分细菌需要足够的氧气，酵母菌则是可以进行有氧呼吸、无氧呼吸的兼性厌氧微生物。相关人员应充分使用现代技术和设备进行防霉，如使用过滤空气通风法、紫外线灯照射、释放食用防霉药物等。用药物时须避免使用对人体有害的药物。

6.防虫鼠害

危害粮仓的昆虫种类很多，有甲虫、蜘蛛、米虫、白蚁等。这些昆虫往往繁殖力很强，能在很短时间内对粮食造成大量损害。企业应该采取有效措施预防虫、鼠等对粮食的损害。

（1）保持良好的仓库状态，及时用水泥等高强度填料堵塞建筑破损、孔洞、裂痕，防止虫、鼠等在仓内隐藏。库房各种开口隔栅应完好，保持门窗密封。

（2）防止虫、鼠等随货入仓，对入库粮食进行检查，确定无害时方可入仓。

（3）经常检查，及时发现虫害、鼠迹。

（4）使用药物灭杀。使用高效低毒的药物，不直接释放在粮食中驱避。采用诱食杀灭的方式，或者使用无毒药物直接喷洒、熏蒸除杀。

（5）使用诱杀灯、高压电灭杀时，合理利用高温、低温、缺氧等手段灭杀。

通过以上方法，可以有效管理粮仓，确保粮食的安全。

关键点提示

粮仓的管理措施如下：

1.保证干净无污染；2.保持干燥，控制水分；3.控制温度；4.防止火源；5.防霉变；6.防虫鼠害。

5.8 如何进行集装箱堆场的管理

工作场景描述

当需要对集装箱堆场进行管理时，可查看。

解读与分析

集装箱堆场内有大量船只、装卸搬运设备以及数以千计的各种集装箱。企业合理有效地管理集装箱堆场，不仅可以提高作业效率，而且可以保证货物的安全运输。集装箱堆场的管理内容和方法主要如下。

1.堆场的堆垛管理

为保证集装箱堆放安全，减少倒箱率，集装箱堆垛时要根据集装箱的工艺、尺寸、货物种类的不同而采用不同的堆垛方式。

（1）轮胎龙门吊作业的堆垛。

①集装箱堆垛的长度（一个箱区的长度）往往与泊位的长度相对应。通常一个箱区为六排集装箱。

②堆垛宽度由轮胎龙门吊的跨度决定。

③堆箱层数根据轮胎龙门吊的高度而定。堆三过四的轮胎吊，即堆三层高，箱区最高限度堆四层；堆四过五的轮胎吊，即堆四层高，箱区最高限度堆五层。轮胎吊作业区域，若是堆三过四的轮胎吊用箱区，第六排应比其他排少堆一层；若是堆四过五的轮胎吊用箱区，第六排应堆两层，第五排应堆三层。相邻排孤立的层高之差不得大于3。

④各箱区之间要留有合适的通道，使集卡、铲车等机械能在堆场内安全行驶。集装箱在堆场的位置用“场箱位”来表示。场箱位由箱区、位、排、层四部分组成。箱区的编码分为两种：一种是用一两个英文字母表示；另一种是由两位数字组成，第一位表示码头的泊位号，第二位表示堆场从海侧到陆侧后方堆场的顺序号。“位”的编码用两位

数字表示，一个箱区由若干个位组成。“层”和“排”用一位数字表示。如“A0111”表示A箱区01位第一层第一排的集装箱。

（2）不同箱形的堆垛原则。

①重箱、空箱分开堆放，不同大小的集装箱分开堆放。

②冷藏箱、危险品箱、特种重箱成堆放在相应的专用箱区。

③进口箱和出口箱分开堆放。

④出口重箱按装船要求分港、分吨堆放。

⑤空箱按不同持箱人、不同尺码、不同箱形分开堆放；污箱、坏箱分开堆放。

⑥重箱按堆场载荷要求堆放。

（3）出口箱进场安排。

出口箱进码头堆场堆放时，必须遵循一定的原则，使出口箱在配载装船时减少倒箱，提高装船效率。一般按以下几个原则安排出口箱进场。

①按排堆放。同一排内，堆放同一港口、同一吨级的箱；但同一位内不同的排，可以堆放不同港口、不同吨级的箱。

②按位、排堆放。同一位内，堆放同一港口、同一吨级的箱；该位的同一排内，堆放相同港口、相同吨级的箱。

③同一位中，较重的箱堆放于靠近车道的第二排，较轻的箱放在最里面第二排，重量适中的箱堆放于较中间的排，较重吨级的箱可以压较轻吨级的箱。

④在多条路进箱时，有两种方式可选择：一种是根据集卡的车号判别交替进箱，如第一辆车进A区，第二辆车进B区，以此类推；另一种是先进完A区，然后再进B区。

（4）进口箱进场安排遵循的原则。

①同一位中相同的提单号，进同一排。

②一个位结束后，再选另一个位。

（5）空箱进场安排。

根据持箱人、箱形，选择不同的进场位置。

2.码头各类作业安排流程

（1）进口箱卸船进场。根据船代理提供的卸船船图或集装箱清单，遵循堆场堆垛原则安排场箱位。

（2）出口箱进栈进场。根据船代理提供的预配清单或工作联系单，登陆卸货港、目的港，明确“进栈分港分吨要求”，堆场计划人员应遵循堆垛规则编制“进场堆存计划表”。

3.集装箱堆场内的归位、并位、转位

一般需两台场内作业机械及水平运输机械配合才可完成作业。

为了提高堆场利用率，提高箱区的作业效率，减少码头作业出差错的可能性，减少倒箱，需要对集装箱场进行归、并、转作业。通常在以下五种情况下进行集装箱的归、并、转作业。

（1）装船结束后，将集装箱转入指定区域。

（2）箱区内进行过提箱作业后，对零星的集装箱进行归并。

（3）根据客户申请的下昼夜提箱计划，可将此类要作业的集装箱转入同一个箱区，这样可以在客户提箱时减少轮胎吊频繁跨箱区移动，加快客户的提箱速度。

（4）对完成拆箱提货作业后的空箱，进行归并。

（5）提前进场的出口箱或中转箱，在装船前按不同的卸货港归转作业。

4.集装箱的疏港

集装箱堆场是运输过程中的周转性堆场，不能用作中、长期储存。码头为了保证船舶装卸作业的正常及堆场畅通，可根据国家关于集装箱疏港的有关规定，结合码头实际堆场情况，将进口集装箱运至港外堆场。

> **关键点提示**
>
> 集装箱堆场的作业管理包括如下内容：
>
> 1.堆场的堆垛管理；2.码头各类作业安排流程；3.集装箱堆场内的归位、并位、转位；4.集装箱的疏港。

5.9　如何预防集装箱堆场的倒箱

工作场景描述

当想要预防集装箱堆场的倒箱问题发生时，可查看。

解读与分析

如果堆场计划做得不好，或受到码头不可控等随机因素的影响，堆场便可能发生倒箱。为了顺利实施装卸船计划和交货计划，只有有效地减少堆场的倒箱次数，才能提高堆场的作业效率。为此，应根据发生倒箱的不同原因，采取相应的措施来预防倒箱现象的发生。

1.不同船名、航次的重箱混合进场造成的倒箱

目前有些船企不管下一航次舱位是否够用，先把重箱收进场，然后根据情况给出船名、航次，这样就可能产生不走船的集装箱压走船的集装箱的不合理情况发生，再进行装船作业，取出走船的集装箱时，就发生了倒箱。

集装箱码头在接取集装箱时，堆场计划人员应以某一艘具体的班轮为参照对象，根据经验估计出多个不同港的集装箱的大概数量、各装卸港的顺序等，进而估测出集装箱的装船顺序，以便在堆场划定的区域内堆放多个不同港的集装箱。

2.不同重量级的集装箱混合堆放

码头接收的重箱的进场是随机的，司机报重和放行单上的重量可能有很大差别，这两点都可能会导致轻箱压重箱的现象。

码头应严审放行单，还应根据制订的卸船计划、堆场计划，将重箱和轻箱区别开来：重箱在上，轻箱在下；内堆轻箱，外堆重箱。

3.重点港与终点港的集装箱混放

集装箱班轮航线中途港挂靠较多，如果后挂港集装箱压前挂港集装箱，就会产生船上倒箱，降低挂靠装卸效率，延误船期。

制订堆场计划时，应将重点港与终点港的集装箱放在不同场地。由于重点港的箱量较大，在船上所占据的箱位较多，装船作业时一般先取；终点港的集装箱一般放在仓底，应是先取。

4.员工的失误造成的倒箱

实行科学化的管理方法、现代化的管理手段，更重要的还是提高管理人员的素质。可在箱务管理现场，设置专门的机构，建立专业队伍，加强员工培训，尽量减少乃至消除因员工工作失误造成的倒箱。

关键点提示

造成集装箱堆场倒箱的原因有：

1.不同船名、航次的重箱混合进场造成的倒箱；2.不同重量级的集装箱混合堆放；3.重点港与终点港的集装箱混放；4.员工的失误造成的倒箱。

第6章

仓储市场管理常见问题

仓储市场管理是仓储企业基于仓储经营而进行的社会经济活动，涉及商务磋商、仓储合作、客户服务和市场开发等环节。仓储市场管理是将仓储服务产品化，用服务连接市场需求，使仓储经营更专业化、规范化。

6.1　如何进行仓储服务战略分析

工作场景描述

当想对仓储服务战略进行分析时，可查看。

解读与分析

仓储服务面对市场竞争及客户的多样需求，需要不断对自身服务项目、服务理念及经营定位进行升级与思考，这对开展仓储商务服务具有战略意义。企业只有全面审查现行的经营战略，才能赢得先机。企业进行仓储服务战略分析主要从以下三个方面着手。

1.主要大客户的仓储服务需求是否得到满足

主要大客户需求的满足，一直都是仓储服务管理的核心工作。仓储服务要坚持以个性化、准时性和高附加值服务为核心的工作原则，服务升级也是围绕这三个原则不断完善，贴近客户实际需求。企业有必要定时与客户保持有针对性的沟通，对客户进行走访调研，这样便能了解客户需求的变化，形成客户的阶段性数据报告，并以此结果为依据不断调整仓储服务流程，提高自身管理水平，同时为阶段性的仓储服务战略调整与升级提供可靠的数据支持。

2.仓储服务核心竞争力是否还在

企业在盯紧主要客户需求的同时，还要时刻关注市场竞争态势的变化。市场竞争是不断进步的动力，需要企业不断升级转型细分的核心竞争力，不断巩固竞争优势和强化服务特色。

3.现有发展方向是否具有可持续性

战略导向是帮助企业站在一定高度看到可持续发展的路径，对企业制订发展计划非常重要。可持续发展会让企业更有希望，更具竞争力。企业不要计较一时的得失，要从长远角度布局市场，用先进的经营理念赢得市场。

从以上三个方面对仓储服务战略进行分析，将有助于企业在变化的环境中做出正确的战略决策，为企业制订整体的、长期的经营战略提供重要的依据。

关键点提示

对企业的仓储服务战略进行分析可以从以下三个方面着手：

1.主要大客户的仓储服务需求是否得到满足；2.仓储服务核心竞争力是否还在；3.现有发展方向是否具有可持续性。

6.2 如何理解仓储服务市场新环境

工作场景描述

当想了解仓储服务环境，使战略能反映市场最新动态时，可查看。

解读与分析

企业在制订仓储服务战略时，必须以不断变化的市场环境为依据。真实客观地理解市场现实环境，是我们做出正确决策的基石。企业可以从以下两个角度对仓储服务环境做出分析。

1.供应链角度

从供应链的视角看仓储服务可以得知，仓储服务是整个供应链链条中的一个重要节点，仓储服务需要不断适应供应链发展的脚步，不断完善自身的节点作用。

2.零售业角度

现今的零售市场有了很多新变化，这也从终端市场变化的角度促进仓储服务不断革新升级；尤其是直播带货、网商步入成熟期后，销售渠道已经扁平化，企业可以直接面向终端用户，这样的市场环境，对仓储服务提出了更高的要求，终端用户对个性化、准时化和附加值的要求也在不断升级。

关键点提示

企业可以从以下两个角度对仓储服务环境做出分析：

1.供应链角度；2.零售业角度。

6.3　如何制订仓储服务计划

工作场景描述

当需要制订仓储服务计划时，可查看。

解读与分析

制订仓储服务计划是仓储管理的首要工作，它将直接影响客户对仓储服务的满意度。企业仓储服务计划的制订主要从以下四点着手。

1.了解客户基本信息

客户基本信息主要包括客户的行业类别、企业规模、产品类别特性、仓储业务在其企业的业务比重、与其合作的其他仓储企业情况、客户对仓储业务的定位等内容。这种信息资源的收集，可以通过问卷调查、座谈、访问等途径获取。

2.搜集客户需求信息

一般来讲，企业明确配货时间周期、货品进场时间、订货单位分布情况等基本信息，是制订仓储服务计划的基础。只有清晰把握客户基本需求信息，企业才能制订出具有针对性的人性化服务计划，且在搜集客户需求信息时要特别注意客观真实性。

3.目标客户需求与本企业业务的对接

落实与目标客户的合作，需要对接双方的业务，企业在了解目标客户的相关重要信息之后，通过以下两点落实合作细则。

（1）企业现有仓储资源与目标客户需求之间的业务匹配，如货位货仓的匹配、流通加工资源的匹配等。

（2）企业及时对接业务信息，与相关部门进行沟通落实。业务落实需要相关部门的配合，良好的信息互通能避免管理混乱，使得工作更高效。

4.配备专职人员与仓储资源

一项业务项目的落实，需要根据业务量配备相应的人力、物力等资源。这是制订仓储服务计划的重要内容，也是保证业务顺利执行的关键环节，做好这一点，能避免计划落空、临阵混乱。在人员配备方面，企业可以配备若干专职人员，并另有若干人可以被机动调派，这样可以避免发生突发状况时的措手不及。

仓储服务是一项系统性工作，应按照上述步骤综合考虑企业外部和内部的影响因素，有序进行，只有这样才能使仓储服务有效落实，不断提高工作效率。

关键点提示

制订仓储服务计划的主要步骤：

1.了解客户基本信息；2.搜集客户需求信息；3.目标客户需求与本企业业务的对接；4.配备专职人员与仓储资源。

6.4 如何了解仓储服务能力

工作场景描述

当需要确定企业的仓储服务水平时，可查看。

解读与分析

仓储服务水平是建立仓储服务体系的基础，不断提升仓储服务水平应成为企业可持续发展的核心目标。促进仓储服务水平发展的核心动力，应该是客户需要什么或什么能使企业利润最大化。换句话说，企业发展动力是来自风云变幻的市场环境，而不应当仅仅根据行业标准、管理水平和以往的实践经验来确定。在实际工作中，企业可以从以下三点着手，不断提升仓储服务水平。

1.明确仓储服务水平与运营成本之间的关系

根据仓储服务案例，可以了解每个项目仓储服务水平与其对应的运营成本之间的关系，在此基础上就可以将运营成本与服务水平对应起来。随着仓储服务水平的提高，运营成本也在不断增长。根据不同服务水平条件下的收入与成本之间的关系，可以画出利润曲线。在这条利润曲线之上会找到一个利润最大化的坐标点，这个坐标点就是企业当下仓储服务能力的最佳盈利点。

2.确定最优服务水平

当找到当下仓储服务能力所能达到的收入和成本之间的最佳盈利点后，我们就可以通过这个盈利点的左右摆动曲线，了解当下的仓储服务水平。假定企业目标是利润最大化，即与仓储服务有关的收入与成本之差的最大化，是在收入变化量与成本变化量相等的点上，那么，企业就可以通过如下计算公式得出每个项目的最佳盈利点。即：

$$SL_2=37.2$$

设已知的成本—收入曲线为$R=0.5\sqrt{SL}$，其中SL是服务水平，表示订货周期为5天的订单所占的比重。相应的成本曲线已知为C=0.00055SL^2 最大化利润的表达式是：

$$P=0.5\sqrt{SL}-0.00055SL^2$$

式中，P为利润。

用微积分方法，求出在利润最大化条件下，服务水平的计算方法为：

$$SL=\left(\frac{0.5}{4\times0.00055}\right)^{2/3}$$

因此，$SL=37.2$，也就是约37%的订单应该有5天的订货周期。

3.确定服务水平的最佳波动范围

一般情况下，人们认为只要服务水平的波动始终在可以接受的范围之内，就是令人满意的，不会有惩罚成本。但是按照损失函数理论，当预定的服务水平没有达到预期时，就会产生费用浪费、声誉损失、机会丧失等损失成本。随着服务偏离目标值，损失成本会增加，递增的速度可以用以下公式表示：

$$L=k\ (y-m)^2$$

式中，L为单位损失成本（惩罚成本）；y为服务水平变量值；m为服务水平的目标值；k为常数，取决于服务水平在财务上的重要性。

如果已知损失函数，在服务目标没有满足时，函数就会有一个值。

将调整流程以满足不同服务质量要求的成本考虑进来，就可以优化流程，得到服务水平的最佳波动范围。

上面介绍的方法是理论上的最优解，企业在确定仓储服务水平时还应当注意下面一些问题。

（1）应当站在客户的角度考虑仓储服务水平。

（2）对不同客户应当确定不同的仓储服务水平。

（3）确定仓储服务水平时，应当考虑如何创造自己的特色，形成竞争优势。

（4）确定仓储服务水平应当本着科学、经济的原则，不能盲目追求高水平。

关键点提示

了解仓储服务水平的方法：

1.明确仓储服务水平与运营成本之间的关系；2.确定最优服务水平；3.确定服务水平的最佳波动范围。

6.5 如何做好仓储客户服务工作

工作场景描述

当想制订客户服务方案时，可查看。

解读与分析

现代市场环境中，客户很关注服务体验，很多仓储企业也会设立客户服务部门专门服务客户。这样做既可以增加客户对服务的好感度、忠诚度，也可以了解客户的新需求和新建议，这些对于企业的发展非常重要。一套成熟的客户服务体系应该从以下五点着手。

1.制订客户服务政策

为客户提供一份书面的客户服务政策说明，这既是一种承诺，也可以减少客户对某些不切实际的要求的期望。客户服务政策的说明应当基于客户需求，有明确的服务标准，且该服务标准具有很强的可操作性。值得注意的是，客户服务政策要明确说明当没有达到客户服务承诺的标准时，应该如何与企业沟通协调。

2.设立专属客户服务部门

为保证客户服务政策的顺利实施，企业应当设立专属职能部门，同时加强协调及相关部门之间的沟通与合作。

3.应急服务方案

一般而言，一套完备的服务方案必须是将常态服务方案与应急服务方案相结合的。客户服务最大的工作任务是帮助客户解决问题，尤其在应急状态下对事件的处理，更彰显客户服务部门存在的价值，所以在日常工作中，应加强应急状态下处理事件方案的演练。

4.增值服务方案

增值服务是企业保障竞争力的重要武器。客户服务的增值方案可以有很多形式，比如，计划一项用来帮助客户提高库存管理水平的培训活动，就是客户服务增值的一种体现。

5.交易过程控制方案

（1）缺货水平。当出现缺货时，可以通过加速发货或者安排合适的替代产品来维持与客户的良好关系。为了找出引起缺货问题的环节，应当根据产品和客户的具体情况进行登记。

（2）订货周期。虽然客户主要关心的是订货周期的总体时间，但是控制和管理好组成订货周期的订单传递、输入、处理、分拣、包装和交付等每一个环节，用来确定订货周期变动的原因，对于客户服务来说是非常重要的。

（3）订货信息。应该确定那些需要立即处理的订单，并建立相应的订单处理程序。

（4）加急发货。尽管加急发货的成本要比正常发货的成本高出许多，但是这种偶发状况需要事先预料到。

客户服务对于企业的市场份额的大小、仓储总成本的控制以及最终的赢利水平具有直接的作用。因此，客户服务对于企业来说是不可缺少的。

关键点提示

仓储客户服务工作应当包含以下内容：

1.制订客户服务政策；2.设立客户服务专属部门；3.应急服务方案；4.增值服务方案；5.交易过程控制方案。

6.6 如何设计仓储服务营销流程

工作场景描述

当需要设计仓储服务营销流程时，可查看。

解读与分析

同其他产品的市场营销类似，仓储服务的营销也应当有一个完整的流程，通常可以按照以下五个步骤进行。

1.目标客户信息收集与需求分析

（1）开展营销工作的第一步是明确目标客户，就是描述目标客户的特征，如它们都是怎样的企业。对目标客户越明确，营销效果就越好。

（2）仓储企业明确目标客户后，要锁定若干准客户，并对其进行相关信息的收集，信息的获取可以通过统计资料、媒体报道、上市企业报表等一般方式，也可以通过电话调查、现场收集、回访等方式进行。

（3）仓储企业对客户基本信息了解后，就进入了需求分析阶段，对客户仓储服务模式和水平、客户现有的合作伙伴等，需求分析的基础数据了解得越多，需求分析就越客观，营销方案就越有效。另外，当目标客户面临流程重组、新项目启动或客户服务危机时，是对其展开营销工作的最佳时机。

2.意向洽谈

（1）在进行初步意向洽谈时，市场销售人员应当着重介绍企业的实力和相关经验，同时进一步了解客户信息，确定双方合作的可能性，尽量避免在没有进行深入接触的情况下做出不必要的承诺。

（2）在双方深入了解彼此的情况后，达成初步的合作意向，签订保密协议。

3.组建项目团队

做业务匹配衔接时，一般以项目团队的形式将相关人员集合到一起制订方案，参与人员包括：双方部门主管经理、成本预算人员、信息系统支持人员、客户方业务衔接人员等。

4.制订仓储服务方案

一个完整的仓储服务方案应当包括设计方案和实施方案两部分。很多企业只重视设计方案，造成实施方案的过程困难重重。企业可以建立专门的项目实施小组负责项目的实施，并在实施过程中出现问题时，及时调整仓储服务方案。

5.建立以特定项目为单位的运营团队

仓储服务项目的实施，涉及诸多方面的工作配合，工作配合衔接性很强，需要专职人员全程负责，以防止因为不熟悉而降低工作效率，造成不必要的工作混乱。

上面介绍的是仓储服务营销流程的基本环节，在实际操作中可能有更多环节，也可能简化。

关键点提示

仓储服务营销的完整流程：

1.目标客户信息收集与需求分析；2.意向洽谈；3.组建项目团队；4.制订仓储服务方案；5.建立以特定项目为单位的运营团队。

6.7 如何做仓储服务需求预测

工作场景描述

当无法准确了解仓储服务需求，需要做出预测时，可查看。

解读与分析

需求预测是针对主要客户需求，基于科学的、市场的数据所做的预测，目的是更好地释放客户需求，是制订客户服务方案的必要参照因素之一。在实际工作中，可以用于需求预测的方法有很多，比如小组调查法、臆想预测法、历史类比法、指数平滑法、分析法、回归模型法、投入—产出模型法、生命周期分析法、神经网络法和动态模拟法等。不同的预测方法，其适用范围、复杂程度和预测精度是不同的。

一般来说，对于仓储管理者来说，比较常用的预测工具主要有以下三个。

1.指数平滑法

指数平滑法是移动平均法的一种，被认为是同类预测方法中最精确的。该方法只需要很小的数据量就可以连续使用，当预测数据发生根本性变化时还可以进行自我调整。该方法将所有历史因素的影响都包含在前期的预测值内，只是要给过去的观测数据不一样的权数，近期观测数据的权数比远期观测数据的权数要大。指数平滑法基本的表达式为：

$$F_{t+1}=\alpha A_t+(1-\alpha)F_t$$

式中，F_{t+1}为第t+1期的预测值；F_t为第t期的预测值；A_t为第t期的需求值；α为权数（又称为指数平滑系数），其值介于0～1之间。

指数平滑法被认为是在短期预测中最有效的方法。在需求有明显的趋势或季节性变化的情况下，可以运用一些相关的模型，对利用上述表达式计算出的预测值进行修正，以获得有效的预测效果。

2.时间序列分解法

时间序列分解法是将历史的需求以量化模式分解为四组成分：趋势、季节波动、周期性变化和随机波动。趋势代表需求量的长期变化，是市场对企业产品和服务的接受程度的根本性变化；季节性波动是时间序列中规律性的高峰和低谷；周期性变化是需求模式长期（超过1年）的起伏变化；随机波动则是导致需求量变化的其他一些因素。

3.多元回归分析法

多元回归分析法是一种统计技术，是将除了时间以外的其他影响需求的因素作为变量进行分析，用来判断那些选定的变量和需求之间的相关程度。根据这一分析可以利用多个变量建立预测模型，进行需求预测。

企业管理者在不了解需求的情况下进行的决策不是优化的，因而很难做到在仓储管理工作中合理分配资源。需求预测受到诸如预测技术、历史数据、不规律需求等因素的影响，预测的误差可能很大，甚至使预测失去实际意义。但是，大多数的需求是有规律可循的，按照预测的需求水平提供仓储服务是首选的做法。

关键点提示

可以运用下列方法对仓储需求进行预测：

1.指数平滑法；2.时间序列分解法；3.多元回归分析法。

6.8　如何做客户需求管理

工作场景描述

当想解决日常仓储运营中，出现需求不足或需求过剩的市场需求波动时，可查看。

解读与分析

需求的大幅度波动会给很多仓储服务企业造成麻烦，如在需求高峰时，他们不得不拒绝客户；而在需求低谷时，仓储设施又闲置起来，资源闲置增加运营成本。消除需求波动的影响一般有两种基本方法：一种方法是使供给能力满足变化的需求；另一种方法是对需求进行有效管理，运用营销手段消除高峰、填补低谷的运营模式，从而使仓储资源得到充分利用，市场需求得到充分满足。

1.管理和调节供给能力以适应需求

一个良好的仓储服务运营流程，应该是设备、场地与人员等要素的平衡流动，是一种以不同仓储项目为中心的资源整合，这种结构是一种高效的、理想的运营状态。管理者在日常工作中，应该以此为目标，不断提升仓储运营供给能力。具体可以从以下四个方面工作着手，调整供给能力以适应需求的波动。

（1）在需求淡季安排停工期。为了确保高峰时期能获得100%的供给能力，在预计需求水平较低的时候，可以安排外部维修活动，让内部员工休假。

（2）有效利用兼职人员。可以在企业最繁忙的时候雇佣外部的工作人员，尤其是当需求高峰期时间很短的时候。这种方法可以为企业降低许多固定成本。

（3）通过租用等方式做资源整合。为了减少对固定资产的投资，企业可以在高峰期采用租用的方式从社会寻找更多的资源加以整合，建立资源整合式的仓储供给能力。

（4）跨岗位培训。即使是在整个仓储服务系统满负荷运转的时候，某些岗位可能仍然处于利用不足的状态。企业如果能够对员工进行跨岗位的培训以执行不同的任务，就可以提高整个系统的供给能力。

2.利用营销手段调节市场需求模式

营销组合中的所有要素都可以影响需求，在需求管理工作中需要同时改变两个或两个以上的要素。

（1）价格手段。价格是需求管理中用来平衡供求关系的一种常用工具。企业可以对不同目标市场设定不同的服务等级，制订不同的价格策略，使每个细分市场的收益达到最大化。但是，在需求超过供给能力的情况下，企业的目标就应为最具赢利能力的细分市场确保供给，这时可以利用价格手段降低其他细分市场的需求。

（2）有效沟通。要想得到客户对营销组合要素变化的具体反应，企业必须把价格和服务特征清楚地传递给客户，并告诉他们可以选择的服务有哪些。这样，客户就可以自发地调整和释放需求时间，从而达到平衡需求的目的。

（3）利用排队预订方式缓冲需求。虽然仓储服务企业同所有的服务性企业一样，几乎无法对供给进行存储，但是它们往往可以存储需求。这个工作可以通过以下两种方法完成：①要求顾客根据先到先服务的原则排队等候；②提供给顾客提前预订服务的机会。

有效管理需求的策略是将营销手段与信息系统相结合，仓储服务企业将会平稳有效的满足客户需求，使仓储服务能力得到充分释放，使得企业可以处于低成本高效率状态运行。另外，成功的需求管理还会为顾客提供更高质量的服务，以提高客户满意度。

关键点提示

仓储服务企业需求管理可以运用以下方法：

1.在需求淡季安排停工期；2.有效利用兼职人员；3.通过租用等方式做资源整合；4.跨岗位培训；5.价格手段；6.有效沟通；7.利用排队预订方式缓冲需求。

6.9　如何开发新目标市场

工作场景描述

当需要开发仓储服务新目标市场时，可查看。

解读与分析

随着企业的发展，仓储服务的目标市场开发能力需要不断更新升级，开发新市场成为实现企业长足发展的必然选择。如何对新开发市场做有效评估呢？一般可以选择从以下四个阶段着手进行评估。

1.市场相关数据调研

如果以特定区域作为划分市场的单位，那么每个区域市场既有相同的地方，也有因地域文化、消费习惯等因素产生的独特之处。在对市场相关数据展开调研时，应当考虑以下九个方面的因素。

（1）市场容量和发展趋势。

（2）市场的盈利能力。

（3）市场竞争激烈程度。

（4）潜在竞争对手情况。

（5）竞争对手的预期反应。

（6）是否存在替代服务。

（7）实现有效差异化服务的可能性。

（8）供应商和购买者的议价能力。

（9）市场壁垒情况。

2.明确企业的经营目标和资源状况

企业选择的目标市场必须能够为实现企业的经营目标服务，而且市场的规模和发展潜力应当成为企业实现战略目标的保证。同时，企业自身拥有的技术、资金和其他资源也必须满足细分市场竞争的要求。这两方面因素都是企业在进入目标市场时必须事先考虑的。

3.目标市场布局

进行了上面两步分析之后，企业就可以选择目标客户展开初步市场开发，下面提供的一些方法可以帮助企业进一步了解目标市场。

（1）填补市场空位。企业所开发的市场可能不存在竞争对手，企业如果将服务定位于市场的空白处，这样可以避免激烈的竞争，为企业提供从容发展的机会。

（2）集中选择市场。企业将力量全部集中于一个或者少数最为有利的细分市场，提供能够满足这些细分市场需求的仓储服务，以期在竞争中获得优势。大多数的中小型仓储服务企业选择这种方式。

（3）全面市场覆盖。企业为众多的细分客户同时提供服务，通过这种方式分散企业的经营风险。只有少数实力雄厚的仓储服务企业有可能采用这种方法。

4.市场定位清晰

把上面的分析整合起来的结果就是一种对定位的表述，它清晰地表明了企业在市场上的定位以及提供的服务。在这种认识的基础上，营销人员就可以制订出具体的营销行动计划了。

仓储服务需求多样，服务环境也在不断变化。因此，企业在进行仓储服务营销策划时，应当充分重视对目标市场的选择。

关键点提示

选择仓储服务的目标市场的过程为：

1.市场相关数据调研；2.明确企业的经营目标和资源状况；3.目标市场布局；4.市场定位清晰。

6.10　如何设计仓储服务产品

工作场景描述

当想对仓储服务产品进行开发与设计时，可查看。

解读与分析

如何根据市场的需求来设计一款仓储服务产品呢？一般情况下，一项仓储服务产品的开发与设计要经历以下三个阶段。

1.需求分析阶段

仓储服务产品的形态因市场需求而展现出多样性，可以说需求分析就是产品开发与设计的核心要素。需求分析如果能够精准地描述目标客户的真实需求，那么仓储服务提供有针对性的产品，一经投放市场必然满足目标客户的需求。所以在需求分析阶段，管理者要大量收集目标客户的真实数据，数据越真实客观，就越有效。通常市场调研的方法包括问卷调查、走访客户、召开行业座谈会等。

2.产品形成阶段

通常，目标客户对仓储服务的需求都是以诸多产品组合而成为仓储服务系统，所以设计的产品要具有多样性，客户可根据所需，任意搭配仓储产品，形成一套符合客户需求的仓储服务系统。从产品的角度来看，仓储服务企业可以提供的服务主要包括以下几种。

（1）仓储库存类服务。包括物流系统规划、库存管理、仓储管理服务、提供仓库设施等。

（2）运输配送类服务。包括运输网络的设计与规划，制订运输计划，门到门的一站式运输、配送，提供运力、管理运力等。

（3）信息服务。包括提供信息平台、订单处理、物流信息系统开发、运输过程跟踪等。

（4）其他服务。包括供应商管理、包装与流通加工服务、费用代收、咨询服务、售后服务等。

对于不同的细分市场，企业提供的产品组合是不同的，这要根据需求分析的结果确定。

3.提供仓储服务方案阶段

在与客户经过沟通达成个性定制仓储服务系统后，还应当考虑该服务系统改进的可能性。企业既可以从完善服务体系的角度，又可以从拓展服务内容的角度，制订仓储服务产品的持续改进方案。

仓储服务产品的开发与设计是仓储服务营销过程中非常重要的环节，应当按照上面提到的三个主要阶段，综合考虑方方面面的因素慎重进行。

关键点提示

仓储服务产品的开发与设计主要经历三个阶段：

1.需求分析阶段；2.产品形成阶段；3.提供仓储服务方案阶段。

6.11　如何制订仓储服务产品定价策略

工作场景描述

当想就仓储服务产品制订定价策略时，可查看。

解读与分析

为仓储服务产品定价及制订市场营销定价策略是仓储服务产品投放市场前重要的环节之一。它关联着包括仓储服务市场定位、竞争对手应对策略、目标客户需求价位等因素，所以管理者要严格依据市场调研报告及市场营销步骤，制订相应的定价策略。这项工作可以从以下四点着手。

1. 定价策略依据

仓储服务产品定价策略，通常依据产品成本、竞争者和对顾客的价值这三方面的因素展开。产品价格的底限是由成本确定的，上限则是由产品对顾客的价值确定的，而竞争者则是确定仓储服务产品实际价格时必须考虑的重要因素。

2. 阶段性发展目标

仓储服务企业的市场发展目标是制订定价策略的方向，通常企业会在一定时间段内有三个方向性的发展目标指向。

（1）以利润最大化为目标指向。利润最大化是企业得以生存发展的基础性发展目标。要想在这个目标阶段对服务产品定价，必须对物流成本有清晰的认识，通过盈亏平衡分析进行。

（2）以平衡需求为目标指向。在需求变动幅度过大时，企业以平衡需求为目标指向，目的是通过定价来调节市场需求，达到旺季与淡季仓储服务的有效供给。

（3）以拓展市场为目标指向。在这个阶段通常是在开发新目标市场阶段，为了吸引或激励目标客户，企业制订的产品价格可能低于其竞争对手，甚至可能会短时间内低于自身的运营成本。

3.价格策略结构

当确定了市场发展目标，并以此为依据做出了一套定价策略方案后，我们要将价格策略方案按照如下五个问题进行梳理，这是价格策略执行落实阶段的关键一步。

（1）收取的价格是多少？

（2）定价的依据是什么？

（3）应当由谁来收款？

（4）应当何时、何地、怎样付款？

（5）如何把价格告诉目标市场？

4.确定价格

制订仓储服务策略的最后一个步骤就是确定产品的价格。主要有以下三种定价方法。

（1）分区定价法。即在一个较广的地域范围内实行单一价格，这样做可以有效地降低管理的复杂性，从而降低成本。根据企业所需要的地区价格的差异，可以划分任意区域。

（2）单一定价法。最简单的定价方法就是不考虑客户所在的位置，对所有客户采用同一价格。这种定价方法掩盖了产品分拨到不同客户的成本差异。

（3）数量折扣。如果主要客户在合作时限、仓储货品数量等方面都达到了重点客户的级别，在谈判阶段企业要以折扣优惠方式最后落实合作。稳定的合作关系可以提高企业的发展预期，稳定企业收入，提高仓储库容利用率，进而获得更高的利润。

一个完整的定价策略除了确定服务价格以外，还应考虑企业各阶段发展目标、市场竞争策略等因素。

关键点提示

制订物流服务产品的定价策略的步骤是：

1.定价策略依据；2.阶段性发展目标；3.价格策略结构；4.确定价格。

6.12　如何处理客户信息

工作场景描述

当需要收集并整理客户信息时，可查看。

解读与分析

客户信息是企业发展的核心资源，它是关系到企业市场营销策略制订、仓储服务产品设计、优化服务流程、企业发展目标制订等多方面工作的基础数据信息。企业充分、及时、准确地收集客户信息并加以整理是企业重要工作之一。

1.收集客户信息

（1）使客户信息内容具有完整性。客户信息首先要客观真实的反映主要客户在一定时间内的动态，包括仓储服务需求变化、仓储服务新需求、仓储价格水平的适用性等相关信息。具体可以从以下方面收集客户信息。

①客户仓储业务变化情况。

②对客户需求的响应情况。

③价格水平的适用情况。

④客户的投诉和抱怨情况。

⑤处理投诉的时间及质量情况。

⑥内部职能的协调与流程响应情况。

⑦客户关系状况。

（2）采取多样化的收集方法。客户信息收集方法大体可以分为两类，即现有资料分析法和实地调研法，仓储企业可以根据实际情况有选择地使用。

①现有资料分析法。客户信息收集可以利用的现有资料包括：各种统计资料、公开发表的研究报告、向咨询机构购买的调查结果、企业内部的相关记录及客户提供的信息等。

②实地调研法。实地调研收集客户信息可以采用电话回访、会议调查、现场观察及

实验模拟等方法。

2.整理客户信息

客户信息是零散的，需要进行深入分析和加工整理才能为企业所用。客户信息整理一般要从以下两个着眼点出发。

（1）作为客户服务数据的依据。进行客户信息整理是为了更好地服务客户，它首先要满足客户服务的要求，包括产品的特点、产品升级、是否有现货、安装调试、保修、合同条款以及货物跟踪查询等。

（2）为企业相关决策提供数据支持。客户信息收集和整理的主要目的是向企业的管理人员提供决策支持。例如：与客户使用经历有关的信息，可以帮助企业进行产品改进和新产品的开发；与客户需求有关的信息，可以帮助企业有效调节库存；与客户地理位置有关的信息，可以帮助企业进行合理的物流系统规划等。因此，根据不同的使用目的对客户信息进行整理是非常有必要的。

企业应当重视对仓储服务客户信息的收集和整理，也可以通过建立客户数据信息中心等方式做好这项工作。

关键点提示

收集与整理客户信息具体内容为：

1.使客户信息内容具有完整性；2.采取多样化的收集方法；3.作为客户服务数据的依据；4.为企业相关决策提供数据支持。

6.13　如何提升仓储服务客户价值

工作场景描述

当想提升仓储服务客户价值时，可查看。

解读与分析

客户价值是客户关系管理中的基础和核心，通过满足客户的个性化服务需求，提高客户忠诚度和保持合作，使企业的经营理念、能力、过程及组织结构与客户感知的价值因素相适应。所以，不断提升客户服务水平成为提升客户价值的最有效途径。一般情况下，为客户提供个性化服务可以通过以下六个途径。

1.为关键客户提供增值服务

企业应该对关键客户给予特别的关注。按照“二八定律”，企业80%的经营收入是由20%的关键客户带来的。因此，企业通过提供增值服务让客户更加满意，是增加企业总客户价值的最有力保障。

2.实行差异化服务

企业不应把精力和成本平均分摊到每个客户身上，因为每类客户提供的价值是不一样的。对于忠实的客户和具有潜力的新客户来说，企业有必要通过个性化和增值的服务手段来增加他们的客户价值；而对于普通的客户而言，标准化的服务就足够了。

3.提供特殊服务

企业只有不断关注细节，才能让客户真正满意。面对强大的竞争对手时，唯有尽力在不同的方面为客户提供特殊服务，才有可能争取主动。

4.增强客户体验

增强客户体验的关键是强化服务，企业所提供的产品应当能够满足客户的需要，给客户留下的印象应该是不断追求完美和值得信赖的。在任何时候，企业给予客户格外的关心都不是多余的。

5.重视客户的抱怨

任何一个企业都会有客户的抱怨，事实上，抱怨是一种反馈信息的方式。正是因为信任，客户才会对企业服务中存在的问题产生抱怨，而处理好客户的抱怨，让客户对企业感到满意的过程，也正是企业的客户价值提升的过程。从这个意义上讲，客户的抱怨往往比赞美对企业更有帮助。

6.协助客户成功

客户同样是渴望成功的。企业如果能在向客户提供服务的同时取得客户和企业双赢，那将是提升客户价值非常有效的手段。企业只有站在客户需求的角度，为客户着想，有效提升客户价值，才能使企业获得更大收益。

关键点提示

提升客户价值的方法：

1.为关键客户提供增值服务；2.实行差异化服务；3.提供特殊服务；4.增强客户体验；5.重视客户的抱怨；6.协助客户成功。

6.14 如何赢得仓储新客户

工作场景描述

当想赢得仓储新客户时，可查看。

解读与分析

在市场开发过程中，不断开发更具潜力的新客户，对于企业发展来说是至关重要的。开发仓储服务新客户一般从如下两个方面着手。

1.用专业的仓储服务体系赢得客户

专业、完备、高效的仓储服务体系是展开市场开发、赢得客户的基础。只有专业的服务体系才能够获得客户的合作信心。

（1）不断优化仓储服务设施。仓储服务设施包括房屋建筑、各类机械设备、运输工具、通信设备以及信息系统和网络等。企业在进行设施配置的时候，一定要与仓储活动的需要及发展目标相适应，同时要考虑是否能够形成技术和资源优势，以达到吸引客户的目的。

（2）不断完善仓储服务作业体系。企业在锁定了目标市场之后，要通过完善的服务作业体系吸引客户。企业应当建立相应的服务人员管理、服务质量保证和客户投诉处理等规章制度，规范服务作业体系，进行必要的培训以提高员工的整体素质。

2.利用多样化的促销手段争取客户

企业即使已经基于客户需求设计出了很棒的产品形态，也需要用促销手段去争取客户。所以，需要利用多样化的促销手段广而告之目标客户。一场完美高效的促销活动，要注意以下三点。

（1）广告。广告具有直观、宣传面广、渗透力强等优点，可以起到传达信息和说服客户的作用。对于仓储服务产品的广告宣传来说，应当做到：

①强调客户将会获得的利益而不是技术性的细节；

②以简洁、准确的表述，明确服务的内容、地点、质量和特色；

③适度承诺，避免客户产生过高的期望。

（2）人员推销。在仓储服务产品的促销手段中，人员推销是经常被采用的方法。人员推销具有灵活、富有人情味、易于沟通等优点。在人员推销的过程中，应当注意：

①努力与客户建立和发展良好的个人关系；

②推销人员应当具备一定的专业知识；

③塑造并维持良好的个人和企业形象。

（3）公共关系。公共关系是由第三方进行的对企业或产品进行有利的宣传或展示的促销手段，传播的信息具有一定的新闻性，能够给顾客一种权威、公正、可靠的感觉，因而往往比较容易被接受。企业应当重视通过这种方式来塑造企业形象和进行产品宣传。

企业要想赢得仓储服务新客户，一定要根据自身的特点，运用市场营销途径，通过完善服务体系与运用促销手段相结合的方式进行。

关键点提示

赢得开发仓储服务新客户的途径：

1.用专业的仓储服务体系赢得客户；2.利用多样化的促销手段争取客户。

6.15 如何维护老客户

工作场景描述

当希望提高老客户的忠诚度时，可查看。

解读与分析

老客户是企业的宝贵资源。经常有人讲，企业将一个新客户转变为长期合作老客户的成本是企业维护老客户成本的几十倍。从这个角度讲，企业应该把更多精力放在维护老客户上。事实上，老客户是企业发展的根基，维护老客户是一项长期复杂的工作，通常可以通过以下四种方法进行。

1.提高内部员工忠诚度

企业要想提高老客户的忠诚度，首先要做的就是使自己的内部员工变得更加忠诚。只有忠诚的员工才能为老客户提供最有效率的服务，才能提高老客户的满意度。企业要让员工更加忠诚，就应当重视员工的需求，创造良好的工作环境，建设良好的企业文化，让他们更加满意。

2.塑造仓储服务品牌

塑造仓储服务品牌是仓储服务企业扩大市场、实现发展的有效途径，对维护老客户具有战略性的意义。企业应当让客户充分理解品牌的含义，让他们清楚地知道所选择的品牌对他们意味着什么。同时，企业运用有效的手段不断赋予品牌新的活力、维护品牌的地位、提高品牌的知名度。

3.制订忠诚客户计划

当出现下面的情况时，企业要考虑制订并实施忠诚客户计划。

（1）提供服务的企业增多，竞争加剧。

（2）销售额增长速度放慢。

（3）客户需求的多样化、个性化给企业带来压力。

（4）宏观经济环境不景气，消费指数负增长。

忠诚客户计划应当在了解客户价值主要影响因素的前提下实施，可以采用的具体方法有打折、赠送礼品等。

4.不断开发新仓储服务产品，满足客户需求

企业所提供的服务不可能是一成不变的，应当不断地进行调整。如淘汰已经没有市场需求的产品，完善具有发展潜力的产品，开发客户需要的新产品等。企业若能够提供一项新的服务，不但可以为企业带来新的客户，还可以使老客户更加忠诚。

维护老客户的关键是不断让客户感到满意。只有这样，才能使企业在客户需要的时候最先被想起。

关键点提示

企业维护老客户的方法有：

1.提高内部员工忠诚度；2.塑造仓储服务品牌；3.制订忠诚客户计划；4.不断开发新仓储服务产品，满足客户需求。